COLLECTION DIRIGÉE PAR

Jean-Robert PITTE

Les grandes métropoles mondiales

Jacques Bonnet

Professeur à l'université

Jean-Moulin – Lyon-III

NATHAN

DANS LA MÊME COLLECTION :

• *Le Climat et la ville*
par Gisèle Escourrou

• *La Localisation des industries*
par Bernadette Mérenne-Schoumaker

• *L'Espagne*
par André Humbert

• *Le Sahel*
par Charles Toupet

• *Les États-Unis*
par Cynthia Ghorra-Gobin

• *Géographie de l'énergie*
par Bernadette Mérenne-Schoumaker

• *Singapour et la Malaisie*
par Raymond Blanadet

• *La Péninsule coréenne*
par Claude Balaize

• *Les Littoraux*
par Paolo Antonio Pirazzoli

• *Le Mexique*
par Jerôme Monnet

• *Ville et environnement*
par Patrick Pigeon

• *Les Balkans*
par Georges Prévélakis

• *Le Commerce international de marchandises de l'Europe occidentale*
par Michel Battiau

Crédits photographiques : couverture : Jerrican / Aurel ; page 54 : C.E.P.G.L. / Stefano de Luigi - arch. I.M. Peï ; page 64 : Top / Rosine Mazin ; page 119 : Top / Laurence Vidal ; page 120 : Jerrican / Lespinasse ; page 150 : Top / J.M. Charles ; page 152 : Gamma / Reglain ; page 174 : Hoa-qui / Renaudau.

Photo de couverture : La Grande Arche, La Défense, Paris.

ISBN 2-09-190248-9

INTRODUCTION

La population urbaine mondiale est passée de près de 47 millions vers 1700 (taux d'urbanisation 8 %) à 75 millions vers 1800, et 335 millions en 1910 (taux d'urbanisation 19 %), selon un taux de croissance très lent jusqu'au terme de la première moitié du XIXe siècle, puis accéléré après 1850 (1,8 %/an). En 1950, la population urbaine mondiale regroupait environ 724 millions d'individus, dont 450 millions dans les pays dits développés ; en 1980, on en comptait 1 milliard 806 millions, dont 834 millions dans les pays riches.

Les définitions du phénomène urbain dépendent à la fois des choix des limites géographiques données aux agglomérations et des seuils démographiques qui qualifient les villes (ici plus de 5 000 habitants). L'arbitraire des statistiques paraît plus grand encore lorsqu'il s'agit de dates anciennes. Nous avons pris comme des ordres de grandeur les évaluations tirées de l'Annuaire démographique des Nations unies (World Urbanization Prospects, the 1992 Revision)

On constate donc une forte accélération du taux de croissance de la population urbaine mondiale à partir de 1950 (3,5 %/an), liée surtout à la situation dans le tiers monde. La population urbaine mondiale représentait ainsi 33 % de la population totale en 1950, 40 % en 1977 ; on prévoit 50 % en 2000, près de 60 % en 2020. Nous compterons plus de 3 milliards de citadins en l'an 2000, dont 10 % dans des agglomérations de plus de 10 millions d'habitants, en Asie pour 60 %. On peut parler désormais de l'universalité du fait urbain. « Le monde dans lequel nous vivons est devenu un monde urbain » (Claval, 1981, p. 2).

La prolifération des grandes métropoles semble la manifestation la plus éclatante de la croissance urbaine actuelle et nulle partie du globe n'est dépourvue de grosses agglomérations humaines. Un phénomène qui s'accélère : on relevait 16 agglomérations millionnaires dans le monde en 1900, 49 en 1950, 99 en 1960 ; 250 agglomérations auront plus d'un million d'habitants en l'an 2000, 550 en 2020. Déjà plus de 25 unités ont dépassé les dix millions d'habitants aujourd'hui.

La métropolisation doit être notée à la fois dans les centres moteurs de l'économie-monde (États-Unis, Europe occidentale, Japon) et dans les pays moins avancés où l'armature urbaine démontre la faiblesse répétée des villes moyennes ou petites. L'ordre hiérarchique des principales agglomérations de la planète change cependant. En 1875, Londres est de loin la plus grande unité urbaine du monde. On compte 5 villes britanniques parmi les 20 premières agglomérations mondiales. En 1925, New York passe en tête. Les États-Unis placent à leur tour 5 villes dans le classement. New York était toujours en tête en 1975,

L'urbanisation de la population mondiale

Population urbaine	1960 en millions	1980 en millions	2000 en millions	Évolution 1960/1980	Évolution 1980/2000
Europe	266	364	476	+ 38 %	+ 30 %
Amérique latine	106	240	466	+ 125 %	+ 95 %
Chine	122	230	443	+ 87 %	+ 92 %
Subcontinent indien	100	214	517	+ 114 %	+ 140 %
Amérique du Nord	133	183	239	+ 37 %	+ 30 %
URSS*	104	173	240	+ 65 %	+ 38 %
Japon	59	91	114	+ 54 %	+ 25 %
Afrique tropicale	30	83	234	+ 180 %	+ 180 %

* Pour l'an 2000, il s'agit des anciens territoires de l'ex-URSS.

Les mégapoles des pays mal développés

C'est la pauvreté qui façonne ces mégapoles déglinguées ainsi que leur accroissement chaotique et incontrôlable. Sans avoir disparu des campagnes, la pauvreté s'est déplacée dans les villes : 85 % des pauvres au Venezuela, 75 % au Brésil et 69 % au Mexique vivent dans des centres urbains. D'ici la fin de la décennie, certaines villes des tiers-mondes auront atteint des proportions colossales : Mexico aura 31 millions d'habitants ; São Paulo, 26 millions ; Rio de Janeiro, Bombay, Calcutta, Djakarta, 16 millions... Vingt des vingt-cinq plus grands centres urbains seront situés dans les pays les plus pauvres de la planète... La pauvreté urbaine constituera l'un des problèmes les plus explosifs du siècle prochain. N'est-il pas temps, au Sud comme au Nord, de commencer à se pencher sur le tragique devenir du genre urbain ? Les villes sont fatalement devenues des lieux propices au crime, à l'abus de drogue, à la violence et à la dégradation morale. Les enfants sont les principales victimes de cette misère urbaine. Près de 100 millions d'enfants vivent pratiquement à l'abandon dans les rues des grandes villes des tiers-mondes.

Source : I. Ramonet, « Supplique pour le genre urbain », *La Ville partout et partout en crise, Le Monde diplomatique,* octobre 1991, pp.6-7.

avec 19,7 millions d'habitants, Tokyo l'emportait encore sur Mexico en 1990 (avec 23,4 millions d'habitants, contre 22,9), mais c'est Mexico qui dominera en 2000 (31 millions d'habitants), peut-être pour une trentaine d'années. Au début du XXIe siècle, São Paulo tiendra le second rang, avec 25,8 millions d'habitants, devant Tokyo (24,2), New York (22,8), Shanghai (22,7), Pékin (19,9), Rio de Janeiro (19), Calcutta (17,7), Bombay (17,1), Djakarta (16,6) et Seoul (14,2).

Aujourd'hui, la croissance de la population urbaine participe de deux séries différentes de facteurs : dans les pays-centres de l'économie-monde, la proportion des gens qui habitent dans les grandes villes et le degré d'urbanisation (84 %) tiennent moins à la population totale des pays ou à la densité de la population qu'à l'importance des fonctions d'extraversion économique. Le fait urbain exprime là d'abord l'importance des relations internationales des économies, avec un niveau élevé de la valeur du commerce extérieur par habitant ; la croissance urbaine est donc un fait surtout exogène orienté par le développement des activités exportatrices qui donnent aux villes leur spécialisation. C'est vrai des économies agricoles telles l'Australie et la Nouvelle-Zélande, comme des économies industrielles (l'Allemagne, le Japon) ou tertiaires (la Grande-Bretagne). Dans les pays dépendants, la croissance de la population urbaine manifeste un effet démographique et social : l'importance débordante des populations non intégrées, qui vivent dans des campements ou des formes d'habitats élémentaires, donnant au gigantisme urbain un caractère pathologique particulièrement explosif. On parlera ici de mégapoles plutôt que de métropoles pour nommer l'hypertrophie caractéristique des plus grandes villes dans certains pays pauvres, telle la macrocéphalie des capitales politiques, en Amérique latine ou en Afrique occidentale où l'on retrouve difficilement une hiérarchie urbaine complète, parce que les villes petites ou moyennes y sont sous-représentées. On pense à la prolifération sauvage du phénomène urbain à Mexico, la plus grande ville du monde, témoin d'une explosion démographique incontrôlée (1 million d'habitants en 1930, 8 en 1970, 14 en 1980, plus de 23 en 1990) et d'irrémédiables congestions dans un milieu écologique délétère, sur une superficie égale à la moitié de la Belgique (Bataillon et Panabière, 1988). Parmi les 100 premières villes du monde en 1990, 44 se trouvent en Asie et déjà 9 en Afrique. La population de Lagos (7 millions) a été multipliée par 30 depuis 1950.

La dimension démographique et géographique du fait urbain ne doit pas leurrer : ces grandes agglomérations multimillionnaires des pays mal développés ne sont pas toutes encore de grandes métropoles mondiales (au sens étymologique du terme métropole : *mêtêr* « mère », et *polis* « ville »), c'est-à-dire créatrices, sources d'activités à l'échelle du monde. La taille seule ne donne pas toujours le rôle et la ville (même capitale) d'un pays sujet, dépendant, simple relais ou compteur des règles d'une économie internationale subie, ne peut pas être une capitale (à la tête de) de la politique, de l'économie et de la culture mondiales.

Les 20 plus grandes agglomérations du monde

(Nombre d'habitants en millions)

1875	1900	1925	1950	1975	1990	2000
Londres 4,2	Londres 6,4	New York 7,7	New York 12,3	New York 19,7	Tokyo 23,4	Mexico 31,0
Paris 2,2	New York 4,2	Londres 7,7	Londres 10,4	Tokyo-Yokohama 17,7	Mexico 22,9	São Paulo 25,8
New York 1,9	Paris 3,3	Tokyo 5,3	Rhin-Ruhr 6,9	Shanghai 12,4	New York 21,8	Tokyo-Yokohama 24,2
Pékin 1,3	Berlin 2,4	Paris 4,8	Tokyo 6,7	Mexico 11,9	São Paulo 19,9	New York 22,8
Berlin 1,0	Chicago 1,7	Berlin 4,0	Shanghai 5,8	Los Angeles 10,8	Shanghai 17,7	Shanghai 22,7
Vienne 1,0	Vienne 1,6	Chicago 3,5	Paris 5,5	São Paulo 10,7	Pékin 15,3	Pékin 19,9
Canton 0,94	Tokyo 1,4	Ruhr 3,4	Buenos Aires 5,3	Londres 10,3	Rio de Janeiro 14,7	Rio de Janeiro 19,0
Philadelphie 0,79	St-Pétersbourg 1,4	Buenos Aires 2,4	Chicago 4,9	Pékin 9,3	Los Angeles 13,3	Calcutta 17,7
Tokyo 0,78	Philadelphie 1,4	Osaka 2,2	Moscou 4,8	Rhin-Ruhr 9,3	Bombay 12,0	Bombay 17,1
St-Pétersbourg 0,76	Manchester 1,2	Philadelphie 2,0	Calcutta 4,6	Buenos Aires 9,3	Calcutta 11,9	Djakarta 16,6
Bombay 0,71	Birmingham 1,2	Vienne 1,8	Los Angeles 4,0	Paris 9,2	Seoul 11,8	Seoul 14,2
Calcutta 0,68	Moscou 1,1	Boston 1,7	Osaka 3,8	Rio de Janeiro 8,9	Buenos Aires 11,4	Los Angeles 14,2
Liverpool 0,65	Pékin 1,1	Moscou 1,7	Milan 3,6	Osaka 8,7	Djakarta 11,4	Le Caire 13,1
Glasgow 0,63	Calcutta 1,0	Manchester 1,7	Bombay 3,0	Chicago 8,1	Paris 10,9	Madras 12,9
Moscou 0,60	Boston 1,0	Birmingham 1,7	Mexico 3,0	Calcutta 7,8	Osaka-Kobe 10,7	Manille 12,3
Constantinople 0,60	Glasgow 1,0	Shanghai 1,5	Philadelphie 2,9	Moscou 7,4	Le Caire 10,0	Buenos Aires 12,1
Manchester 0,59	Liverpool 0,94	Leningrad 1,4	Rio de Janeiro 2,9	Bombay 7,0	Londres 10,0	Bangkok 11,9
Birmingham 0,48	Osaka 0,93	Glasgow 1,3	Detroit 2,8	Seoul 6,8	Rhin-Ruhr 9,3	Karachi 11,8
Boston 0,45	Constantinople 0,90	Detroit 1,3	Naples 2,6	Le Caire 6,3	Bogota 8,9	Delhi 11,7
Naples 0,45	Hambourg 0,89	Calcutta 1,3	Leningrad 2,6	Milan 6,2	Chicago 8,9	Bogota 11,7

À partir de 1950, la base de la définition des agglomérations change.
Source : Nations unies.

Les métropoles mondiales doivent compter évidemment des fonctions et des équipements majeurs qui donnent le pouvoir d'entreprendre, le contrôle des échanges, l'organisation de l'information et de la communication. Elles constituent entre elles un système urbain, c'est-à-dire un ensemble de villes-mères fonctionnant unitairement en réseau, pour structurer les cohérences spatiales du « Weltwirtschaft », de l'économie-monde définie par Fernand Braudel (1986). Les historiens ont mis ainsi en évidence les manifestations d'une économie-monde, à partir des Grandes Découvertes du XVIe siècle, du développement des échanges maritimes, de la naissance du capitalisme marchand. L'expression veut affirmer la structure unitaire du fonctionnement spatial de l'économie mondiale, la force des interrelations, commandée à partir de quelques points centraux d'impulsion, villes et pays, qui travaillent à l'échelle de la planète et régulent la dynamique des marchés pour les autres territoires, pôles secondaires ou périphéries.

Comme les places financières off shore qui travaillent avec l'argent et les gens d'ailleurs, pour des projets extérieurs, certaines villes-mondes qui vivent pleinement aux rythmes de l'économie mondiale, comme Genève ou Luxembourg, ne se nourrissent que d'influences transfrontalières. Dans une ambiance cosmopolite, mais avec la taille d'une petite capitale de province, ces villes internationales plus que métropolitaines ne répondent que partiellement au concept.

Les grandes métropoles mondiales sont les sièges de gouvernement des grandes puissances, fixent les sièges sociaux des grandes entreprises, gèrent des témoins importants du patrimoine culturel de l'humanité. Elles sont des capitales politiques, économiques et intellectuelles, à la fois régionales, nationales et internationales. Des villes complètes donc, qui font l'histoire, mais qui en dépendent, car l'évolution des économies-mondes trahit la succession des dominations. Les grandes métropoles ont suivi les centres de gravité de l'économie-monde.

Métropoles, mégapoles, grandes agglomérations mondiales

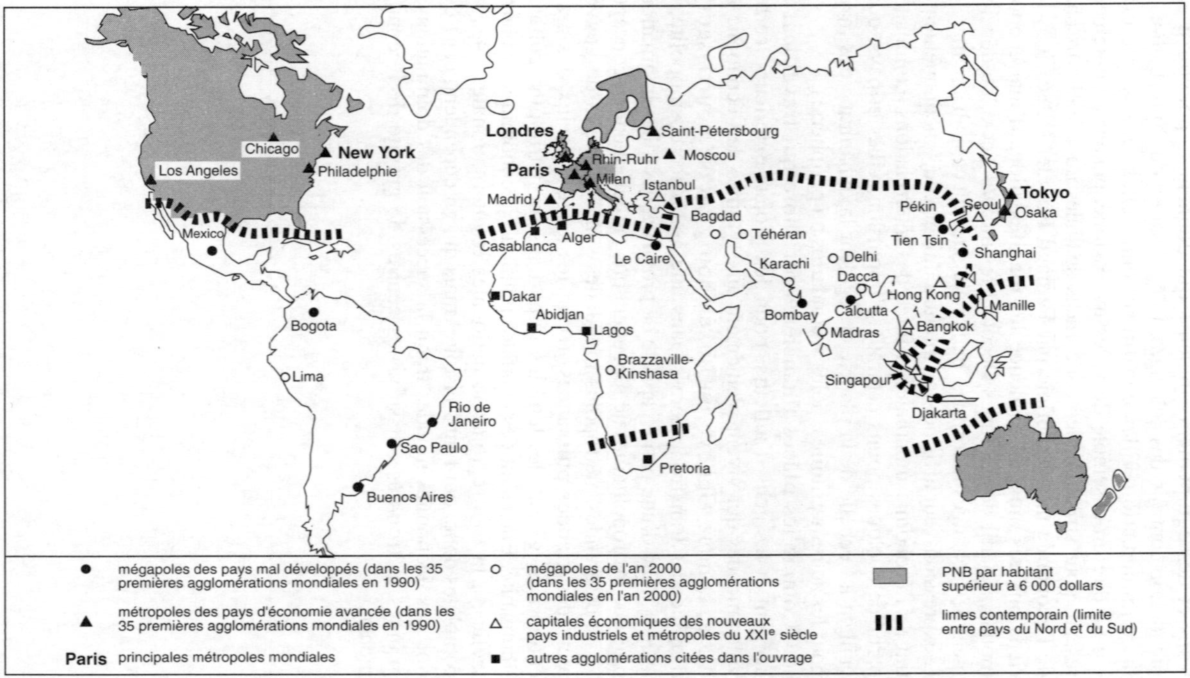

PREMIÈRE PARTIE

Des villes-mères à l'échelle du monde

1. Les capitales de la politique mondiale 11

2. Les capitales de l'économie mondiale 29

3. Les capitales de la culture mondiale 49

Conclusion 63

INTRODUCTION

Comment mesurer le positionnement hiérarchique des grandes métropoles mondiales ? À partir de quels indicateurs politiques, économiques et culturels ? Comment se manifestent évidemment la promotion ou le déclassement des villes dans le système urbain mondial ? Description empirique, au nom d'une simple évaluation du rang des villes, plus que réflexion théorique sur des fonctions ou même des équipements majeurs concernés.

Derrière le siège des institutions internationales et des organisations transnationales, sur les lieux habituels des principales conférences mondiales, dans les capitales des puissances politiques du moment, se retrouvent les élites qui participent aux décisions prises pour s'inscrire dans la longue durée de l'histoire. Derrière les sièges sociaux des entreprises mondiales, sur les lieux d'implantation des états-majors des multinationales, sur les grandes places financières et tertiaires, se regroupent les emplois de haut niveau capables d'orienter les actions déterminant l'avenir des économies-mondes. Enfin, les capitales de la culture mondiale ont fixé les grands lieux de spectacles, d'expositions et représentations, les salles de concerts, les opéras et théâtres, ainsi que les grands musées, gardiens du patrimoine de l'humanité. Et derrière ces temples exercent les créateurs qui dessinent les modes de production et de communication de demain.

Et derrière toutes ces manifestations-repères s'anime une société aux rythmes et aux échelles hors du commun de la planète, qui est aussi le vrai moteur capable de rendre compte de la globalité du fonctionnement des grandes métropoles mondiales. Ce critère supplémentaire de synthèse parachève la prééminence des villes-mondes. Il explique l'influence relative de la taille des agglomérations élues – condition nécessaire mais non suffisante a-t-on dit cependant –, tandis que les centres secondaires ne vivent qu'une réalité métropolitaine tronquée ou rapportée. Les primautés urbaines s'appuient donc sur un arsenal complet de domination, à la fois politique, économique et culturelle. Aussi s'avèrent-elles finalement très rares ; aujourd'hui Londres, New York, Tokyo, Paris définissent à peu près seules cet ordre essentiel des choses. Une exigence qui explique également la longévité des sélections, bien que la géopolitique contemporaine ait laissé deviner quelques fragilités (Moscou) et d'autres émergences potentielles (Berlin).

1

Les capitales de la politique mondiale

Il convient de distinguer la fonction administrative, la fonction politique nationale et la fonction politique internationale. L'administration locale et régionale anime la croissance urbaine de petits centres dans tous les pays. Les capitales politiques créées, dans les États fédéraux et dans les pays accédant à l'indépendance, telles Washington, choisie en 1790, Ottawa, capitale de la Confédération du Canada en 1867, Canberra, née en 1911, Brasilia, inaugurée en 1960, ne sont pas les centres principaux de leur pays et restent en réalité de simples villes nouvelles plus que de vraies métropoles, à l'exception de Washington, la plus ancienne et la plus importante de cette série, située aussi dans le pays le plus puissant du monde. Ces villes internationales, sièges des ambassades et des sociétés financières, lieux de résidence de très nombreux fonctionnaires nationaux et internationaux, ne sont pourtant pas de grandes métropoles mondiales. Pas plus que Genève ou Luxembourg qui ont pourtant reçu des organisations internationales très importantes et qui abritent ainsi des rouages déterminants pour la politique mondiale. Le concept de métropole mondiale répond en fait mieux à la qualification des villes anciennes, préexistantes à la fonction de capitale nationale, dont l'histoire liée à la formation d'États importants a pu prendre aussi une dimension supranationale et participer au moins en partie à la définition d'une civilisation. On pense à Paris, à Londres, à Moscou et, dans une moindre mesure en raison du poids du pays, à Madrid.

1. Les cités de la politique internationale

Ce sont les sièges d'organisations géopolitiques. À propos de Luxembourg et de Genève, on pourrait parler de Cités-États – des agglomérations dont la zone d'influence directe coïncide avec les fron-

Luxembourg, Cité-État de l'Europe

Si « la fonction financière est, avec la fonction politique, la plus urbaine de toutes » (J. Labasse, *L'Espace financier*, A. Colin, 1974), force est de reconnaître que c'est précisément grâce à celles-ci que la capitale luxembourgeoise a acquis, en une vingtaine d'années, une dimension métropolitaine. Elle n'était en effet vers 1960 que la modeste capitale d'un pays de superficie à peine égale à celle de la moitié d'un département français. Choisie comme siège provisoire de la CECA (Communauté européenne du charbon et de l'acier), puis honorée par des fonctions européennes, il lui fallut se mobiliser pour trouver les bâtiments nécessaires à leur accueil et les logements indispensables à leurs fonctionnaires. De même, ses activités bancaires restaient à la mesure d'un petit espace, même si son appartenance à l'UEBL (Bénélux), une certaine ouverture sur le monde (législation sur les holdings, Bourse) l'avaient déjà dotée d'un appareil financier qui demeurait pourtant modeste : 19 banques, une Bourse fragile, sans véritables cotations internationales.

Or, vingt ans après, cette ville moyenne est devenue une « grande ville », non tant par l'importance de sa population (moins de 80 000 h. pour la ville, environ 110 000 h. pour l'agglomération) que par l'ampleur et la valeur de ses activités à caractère international. Capitale « provisoire », avec Bruxelles et Strasbourg, de l'Europe des Six, des Dix, puis des Douze, une des plaques tournantes de la grande finance internationale, Luxembourg occupe, dans les seuls secteurs politiques et financiers, une large fraction de sa population active résidente. Encore faudrait-il lui adjoindre les nombreux migrants pendulaires venus du pays tout entier et des zones frontalières belge et française. Si l'on chiffre à quelque 60 000 les emplois offerts par la ville (soit 40 % des emplois nationaux !), un bon quart est le fait des seules fonctions internationales...

Ainsi, la capitale luxembourgeoise vit-elle un peu de l'animation politique de Bruxelles, un peu de la fièvre financière de Zurich, dans le cadre d'une ancienne forteresse – la Gibraltar du Nord – aujourd'hui bien civilisée, au lieu de rencontre... et d'échec des anciens rêves hégémoniques de la monarchie française, des ambitions napoléoniennes et de l'Allemagne impériale, en cet État-tampon né du vieux souci britannique d'équilibre européen et dont la position centrale et la puissance modeste ont guidé ou favorisé les choix de localisation...

L'on sait que Luxembourg fut un temps le laboratoire où s'élaborèrent sous l'impulsion d'un de ses natifs – Robert Schuman – les structures de la CECA dont elle fut le siège provisoire en 1952. Six ans plus tard, si des réticences nationales s'opposèrent à son choix comme siège unique de la CEE (Communauté économique européenne) – motivées par des risques jugés trop grands d'effets de masse sur un petit espace –, elle n'en reçut pas moins un certain nombre d'institutions « provisoires » qui, après une période pionnière, élirent domicile dans un véritable quartier européen qui porta haut (premier gratte-ciel de la ville) les ambitions européennes de la capitale luxembourgeoise.

Source : J.-M. Gehring,
Luxembourg : une ville aux fonctions internationales conquérantes, *Mosella*, tome XVII, n° spécial annuel, Presses universitaires de Metz, 1987, pp. 1-24.

tières du pays –, qui jouent dans l'ordre politique un peu les fonctions de Singapour ou de Hong Kong dans le domaine financier. L'image rappelle aussi les Villes-États du XVIe siècle – Venise, Gênes, Florence, Milan, Bruges, Amsterdam – qui ont joué les premiers rôles, avant l'affirmation économique des États territoriaux.

L'exiguïté des territoires, la faiblesse des populations impliquées, la modestie des ambitions politiques nationales s'avèrent ici des facteurs favorables pour l'implantation d'établissements représentatifs des grandes organisations internationales. S'ajoute parfois, pour les entreprises et les banques, un intérêt fiscal, les pays où l'alimentation du budget public n'exige pas une pression élevée connaissant des prélèvements plus faibles.

Bien sûr, ces centres vivent sur une zone d'influence et s'inscrivent dans des réseaux de circulation beaucoup plus larges dont ils ne sont en fin de compte que des relais, des instruments, des compteurs. C'est l'espace et non la ville-support assurément qui est moteur, en matière de relations internationales au moins. On a écrit que Venise était impensable sans l'Empire byzantin (et plus tard l'Empire ottoman) (Braudel, 1986) ; on pourrait dire que la rigidité de la législation française a profité à Genève ; que Luxembourg, ce Rotterdam de la finance, sert les intérêts des banques allemandes pour leurs opérations internationales. Ces villes internationales tiennent des positions géographiques clés dans la géopolitique mondiale, lieux d'échanges et de rencontres en dehors des grandes puissances politiques.

La faiblesse de l'État-support rassure, comme un gage d'indépendance, et estompe toute jalousie ; la petitesse du pays prépare une sensibilité extravertie des populations, facilite le multilinguisme et encourage l'engagement dans les organismes supranationaux. Ainsi, le statut de pays neutres a profité à la Suisse, avant la Belgique et le Luxembourg, pour nombre d'organisations mondiales. Grande métropole politique mondiale, première capitale de l'Europe continentale, Paris s'est vu préférer Strasbourg pour le siège du Conseil de l'Europe, La Haye pour la Cour internationale de justice, Bruxelles et Luxembourg pour les services de la Communauté économique européenne.

On notera que les principales Villes-États de l'économie mondiale (Singapour, Hong Kong, un temps Beyrouth...) tiennent des rentes de situation plutôt maritimes, tandis que les cités de la géopolitique mondiale s'avèrent davantage continentales, à l'heure du télex, du terminal d'ordinateur et de l'avion.

Les fonctions politiques ont favorisé le développement économique des villes d'accueil. Ainsi, les emplois de la politique internationale ont attiré d'autres fonctions internationales à Luxembourg où se sont implantés des centres de commerce de gros de firmes européennes comme Siemens ou AEG-Telefunken et près de 130 banques étrangères en 1991 (37 seulement en 1970). Les enseignes des banques de toutes

Strasbourg, siège du Conseil de l'Europe

Le Rhin est suisse, allemand, français et hollandais. Strasbourg est au centre de l'Europe parce qu'elle est au centre de la vallée du Rhin, la plus grande concentration financière, industrielle et universitaire d'Europe – la vallée du Rhin où règnent le mark, le florin, le franc suisse et le franc français. Pendant longtemps Strasbourg, alors république urbaine, a dominé le grand fleuve et sa vallée, de Bâle à Mayence et au-delà.
Ville internationale, Strasbourg l'est naturellement par la présence sur son sol de nombreuses institutions internationales publiques et privées. Le Conseil de l'Europe est né à l'hôtel de ville de Strasbourg à l'initiative de l'Anglais Bevin. La construction de la première Cour européenne des droits de l'homme a été préfinancée par la ville de Strasbourg alors que la France contestait encore sa compétence. Le futur Palais des droits de l'homme se construit sur un terrain municipal sous la maîtrise d'œuvre de la ville. Le terrain du Centre européen de la jeunesse est lui aussi municipal. Le Palais de l'Europe, où siège le Parlement, a été édifié sur un terrain appartenant à la ville, dont la valeur marchande correspond à une contribution d'État. Les bureaux des parlementaires européens ont été réalisés grâce à un montage juridique et financier dont la municipalité de Strasbourg a pris l'initiative et qui comporte des apports en terrains et capitaux de la ville. La ville loge l'Institut international des droits de l'homme, fondé par René Cassin, le Centre d'études et de développement des régions de l'Europe, la Fondation européenne de la science. L'Institut des sciences de la paix fondé par Louise Weiss a fixé son siège à Strasbourg. La Commission de la navigation rhénane, la plus ancienne institution européenne, créée au Congrès de Vienne en 1815, a également son siège à Strasbourg. C'est la seule ville de France, avec Paris, où siègent des ambassades, et c'est même la seule ville de France où siège une ambassade de France, auprès du Conseil de l'Europe.

Source : *Les Stratégies internationales des métropoles régionales, l'exemple de Strasbourg*, sous la direction de P. Dommergues et N. Gardin, groupe TEN, Paris, Syros/Alternatives, 1989, p. 57.

les nationalités se suivent sur les 2 kilomètres de l'avenue de la Liberté. Les actifs bancaires représentent près de 30 fois le PNB du grand-duché. L'environnement réglementaire du Luxembourg s'avère beaucoup plus libéral que celui de l'Allemagne. On a noté que 40 % des actifs internationaux détenus par les banques au Luxembourg sont libellés en deutschemarks. On compte plus de trente banques allemandes installées sur la place, dont la Deutsche Bank, la Dresdner, la Commerzbank. Siège de la CECA (Communauté européenne du charbon et de l'acier), d'une partie de la CEE – Cour des comptes, Cour de justice, Secrétariat général du Parlement européen –, de la Banque européenne d'investissements, au cœur de la création du Système monétaire européen et de l'utilisation de l'ECU (unité de compte européenne), la ville est devenue un grand marché des changes. Les représentations diplomatiques, l'évolution du trafic aérien et des télécommunications, notamment sur les circuits de télex internationaux, ont suivi la vocation politique de la ville. La vocation internationale a impliqué un fort accroissement des services supérieurs : traitement informatique, information et publicité, études techniques, expertise, assurance, interprétariat, commerce de l'argent et de l'immobilier... Le pays abrite plus de 6 000 sociétés-écran en 1992, simples « boîtes aux lettres » avec une secrétaire ou sièges fictifs d'entreprises qui cachent en fait les activités et les intérêts d'autres firmes plus connues qui les contrôlent ; holdings ; compagnies captives d'assurances, filiales des grands groupes industriels, tels Framatome, Rhône-Poulenc, Elf-Erap, qui ont créé leur propre société d'assurance et encaissent ainsi leurs propres primes, ce qui leur donne une source de trésorerie supplémentaire.

Une société urbaine cosmopolite s'est juxtaposée, plus qu'elle ne s'est intégrée, à la bourgeoisie traditionnelle, qui continue d'animer des cercles beaucoup plus fermés. L'afflux des immigrants a submergé complètement la population autochtone de Luxembourg : 16 % des résidents en 1960, près de 40 % aujourd'hui, sans compter le mouvement quotidien de plusieurs milliers de frontaliers. On constate des effets similaires à Genève.

Les fonctionnaires et cadres internationaux vivent à l'échelle de l'Europe entre Genève, Strasbourg et Bruxelles ou Luxembourg, europôles d'un vieil axe lotharingien. La Commission des communautés européennes emploie 12 500 fonctionnaires, 2 000 à Luxembourg, 3 000 dans les services scientifiques et techniques de Bruxelles, 4 000 dans les délégations mondiales.

Dans cet ensemble, Bruxelles apparaît politiquement de plus en plus dominante. On estime que le secteur public international occupe en 1992 près de 15 % du parc immobilier de bureaux de la capitale, soit une surface de 1,2 million de mètres carrés. Depuis 1958 et surtout depuis 1965, le développement des services européens a entraîné la dynamique tertiaire de la métropole, en particulier pour le marché de la

Le renforcement de Bruxelles

La construction de l'Europe des Douze et du grand marché intérieur, qui va placer à Bruxelles une part croissante des fonctions de régulation et de réglementation économique, y attire massivement les fonctions d'influence et de décision.

Fonctions d'influence : chaque jour qui passe voit les chambres consulaires, les organisations économiques, les lobbies, les associations, les collectivités territoriales, installer à Bruxelles des représentations qui s'étoffent rapidement. Les préoccupations économiques sont sans doute prépondérantes, mais l'aspect politique est loin d'être négligeable. Si pour la France, où la décentralisation est restée timide, les collectivités territoriales ont fait preuve jusqu'ici de beaucoup de retenue, les länders allemands, les régions italiennes ou les généralités espagnoles entretiennent pratiquement des « ambassades » et les services de la Commission se sont mis en état d'accueillir un flot ininterrompu de délégations d'autorités politiques locales.

Fonctions de décision aussi : Bruxelles devient un centre très attractif pour la localisation de centres de décision européens des groupes internationaux, et ceci pour trois raisons. La première est le pouvoir croissant des institutions européennes, mais ce motif ne doit pas être exagéré : les entreprises ont intérêt à localiser près des instances européennes des fonctions d'information et de lobbying, mais pas nécessairement leurs fonctions de commandement. La deuxième raison tient aux avantages particulièrement généreux que la capitale belge consent, notamment sur le plan fiscal, aux quartiers généraux étrangers. La troisième raison est le caractère neutre du choix de la capitale belge qui attire des sièges ou centres de décision en leur évitant d'acquérir une image nationale trop forte qui risquerait de les desservir dans les autres pays.

Sur le plan politique, le fait que Bruxelles ne soit pas capitale d'un grand État national est un atout fort pour devenir siège de structures politiques ou économiques européennes et internationales. A contrario, ce raisonnement jouera à l'avenir contre Paris, de manière directement proportionnelle aux efforts de la France pour jouer un rôle politique fort au niveau international.

Source : J.-F. Carrez, *Le Développement des fonctions tertiaires supérieures internationales à Paris et dans les métropoles régionales*, Rapport au Premier ministre, La Documentation française, 1991, pp. 19-20.

location de bureaux. L'internationalisation croissante de Bruxelles a attiré les promoteurs, les investisseurs et les experts immobiliers britanniques. Le quartier du Cinquantenaire, un des grands quartiers de bureaux de la ville, est le principal pôle d'implantation des institutions européennes à Bruxelles. Opération d'urbanisme récente, Espace-Bruxelles-Europe, à proximité du rond-point Schuman, de l'espace Léopold et de la gare du Luxembourg, couvre 272 hectares : un Centre international de congrès, 1,9 million de mètres carrés de bureaux, dont 468 000 pour les Communautés européennes. Le rôle international de Bruxelles se renforce donc, mais la taille de l'organisation urbaine reste relativement modeste, à l'échelle d'une agglomération millionnaire, par rapport aux grandes métropoles mondiales comme Londres ou Paris dont les parcs de bureaux sont six à sept fois plus vastes.

L'agglomération suisse de Genève pèse moins lourd encore (360 000 habitants), un poids démographique comparable à celui de l'agglomération grenobloise. Peut-on parler pour ce type de villes de grandes métropoles mondiales, malgré le caractère incontestablement international de leurs fonctions ? Le tertiaire international occupe plus de 20 % de la population active de Genève. La ville abrite des organisations internationales intergouvernementales de caractère mondial ou européen (15 organisations dont la représentation européenne de l'Office des Nations unies, l'Organisation mondiale de la santé, le Bureau international du travail), plus d'une centaine d'organisations internationales non gouvernementales, dont le Comité international de la Croix-Rouge. Elle est aussi le siège de 318 sociétés multinationales, de centres de recherche internationaux (CERN – Centre européen de recherches nucléaires –, institut Battelle). Mais l'internationalisme a son revers. La présence de fonctionnaires internationaux payés en dollars, celle de riches princes arabes attirés par la beauté du site, ne sont pas pour rien dans l'envol des prix fonciers et immobiliers. Si l'on ajoute l'exiguïté du territoire (246 km^2) et la loi fédérale qui oblige tout canton à conserver en terres agricoles la moitié de sa surface, tous les éléments sont réunis pour faire de Genève la championne de l'immobilier privé ou d'entreprise.

Se loger à Genève n'est pas à la portée de tout le monde. Y ouvrir un bureau suppose des affaires prospères. Les prix atteints, joints au manque de main-d'œuvre et au niveau des salaires, deviennent aujourd'hui des arguments dissuasifs. Ainsi, Dupont de Nemours a préféré déplacer en Allemagne une unité informatique, Caterpillar a choisi l'Espagne pour son centre de formation et Michelin a transféré à Fribourg la totalité de ses activités.

Les organisations internationales qui ont les moyens de faire face n'en demeurent pas moins un secteur fragile de l'économie locale. Un simple déplacement, partiel mais significatif, par exemple vers Vienne qui a déjà réussi à fixer quelques activités, aurait des répercussions sur l'hôtellerie, le commerce de luxe et le secteur financier.

Genève, ville européenne, internationale, francophone

Dans l'espace de confluence des cultures latines (française et italienne) et germanique que constitue la Suisse et qui, d'une certaine manière, préfigure la construction européenne, Genève joue un rôle privilégié...
L'agglomération suisse de Genève est une agglomération comparable, par son poids démographique de 360 000 habitants, à l'agglomération grenobloise. Toutefois, les fonctions qu'elle exerce lui confèrent une spécificité qui la distingue des agglomérations de Rhône-Alpes par son aspect international :
– les organisations internationales intergouvernementales de caractère universel et européen (15 organisations dont la représentation européenne de l'Office des Nations unies, le Bureau international du travail, l'Organisation mondiale de la santé) ;
– les organisations internationales non gouvernementales (plus d'une centaine, dont la Croix-Rouge internationale, l'IATA – International Air Transport Association –, l'Union Inter parlementaire) ;
– les centres de recherche internationaux (CERN, Institut Battelle) ;
– les sièges de sociétés multinationales (300 environ) ;
– la représentation de firmes étrangères (120 environ) ;
– les services financiers ;
– l'aéroport de Cointrin ;
– les services aux entreprises.

Source : *Le Livre blanc franco-genevois de l'aménagement du territoire*, Publication du Comité régional franco-genevois, juillet 1993.

Le flux des travailleurs frontaliers, 1993

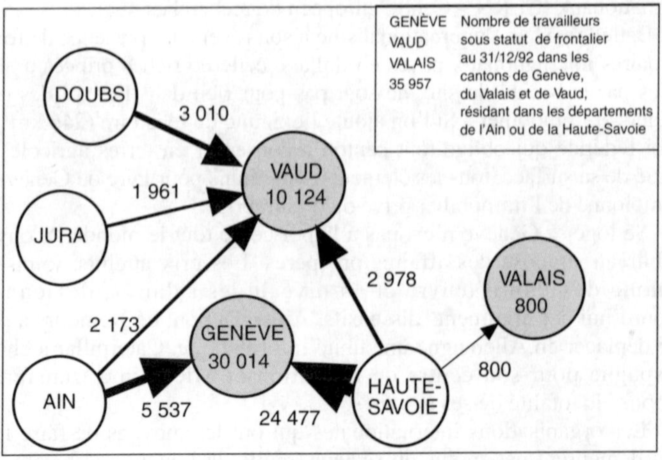

Source : OREFRA, Service d'études du Secrétariat général pour les affaires régionales Rhône-Alpes.

Une eurorégion se constitue peu à peu entre Rhône-Alpes et Bassin lémanique. Elle s'articule en réseau autour de trois axes : un sillon alpin, peuplé de 1 500 000 habitants de Grenoble à Genève, l'axe rhodanien entre Genevois et région urbaine de Lyon, enfin la voie dauphine entre Lyon et Grenoble. Dans cet ensemble, le Genevois franco-suisse a connu la plus forte progression démographique : 72 000 habitants en dix ans, ce qui représente un taux de croissance annuel moyen de 1,45 %, à comparer à 0,5 % pour Lyon et à 0,2 % pour Grenoble. On attend là une croissance de plus de 80 000 habitants entre 1990 et 2010. Cette croissance, liée à l'attractivité économique de la zone, tant en France qu'en Suisse (travail frontalier), s'accompagne d'une extension continue de l'urbanisation et d'une pression foncière forte.

En fait, la géographie impose entre Jura et Salève l'organisation d'un espace transfrontalier autour de l'agglomération franco-genevoise (Annemasse, Genève, Ferney-Voltaire : 570 000 habitants en 1990, 383 000 en Suisse et 136 000 en Haute-Savoie et 53 000 dans le pays de Gex), pour un bassin de 296 000 emplois. Dans le Genevois français (grande zone franche), la population étrangère résidente de plus de 19 ans a progressé de 30 % entre 1982 et 1990, plus vite que la population française (23 %). Une part importante de ces étrangers travaille en Suisse.

Malgré l'absence de schéma d'ensemble d'aménagement du Genevois, on note plusieurs projets de développement économique et urbain : International Business Park d'Archamps, Centre d'affaires international de Ferney-Voltaire, Technoparc Gessien de Saint-Genis - Pouilly, « Technopolis du Léman » de Thoiry... La mobilité transfrontalière des investissements, notamment au profit de Rhône-Alpes, suit la mobilité résidentielle. Tandis que l'Ain et la Haute-Savoie s'efforcent de développer ainsi leur propre marché du travail, la polarité économique de Genève s'amplifie avec un mouvement frontalier vers la Suisse à partir de ces départements de près de 36 000 travailleurs en 1992. Dans le pays de Gex, où la moitié des actifs ayant un emploi travaillent en Suisse, le nombre des frontaliers a augmenté de 57 % entre 1982 et 1990. Les services ne souffrent guère des barrières douanières. Mobilité unilatérale, car le taux de change n'est pas favorable aux prestataires helvétiques. Médecins, dentistes, publicistes ou informaticiens français accueillent une large clientèle genevoise.

En fait, la réalité métropolitaine ignore totalement les frontières cantonales ou nationales, surtout quand elle prend comme ici une forme polycentrique dont les enveloppes extérieures englobent maintenant vers l'est toute la longueur de l'arc lémanique avec Lausanne (à 60 km de Genève) et Montreux (à 30 km de Lausanne). Ces agglomérations et les villes moyennes qui les entourent (Yverdon, Bulle, Monthey, Évian et Thonon) sont reliées par le lac, le chemin de fer, la route et surtout par l'autoroute qui a été ouverte en 1964 à l'occasion de l'Exposition nationale et dont les espaces proches étaient totalement suburbanisés dix

Une eurorégion se constitue peu à peu entre Rhône-Alpes et Bassin lémanique

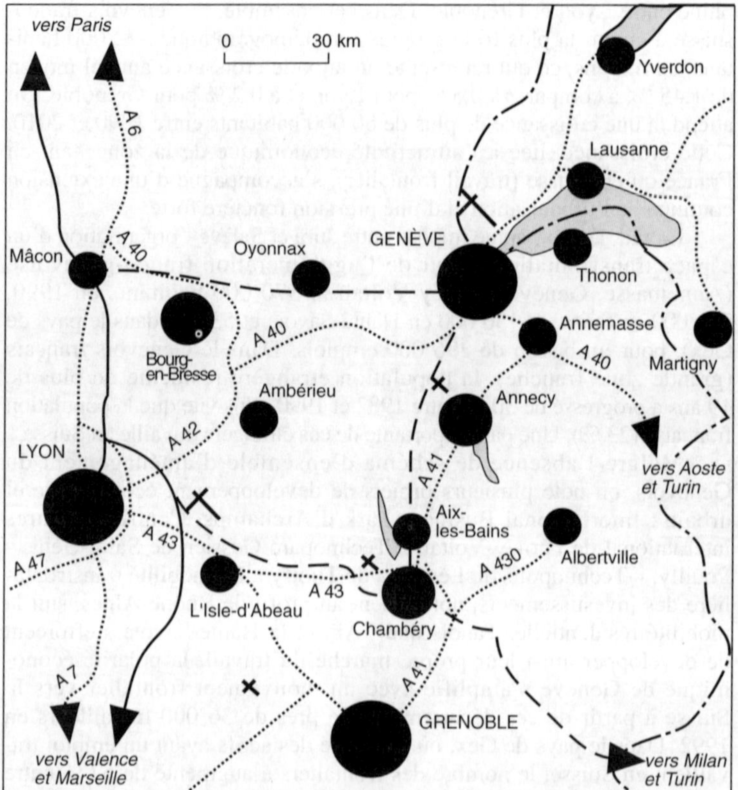

ville importante

aéroport international

aéroport

lac

ligne à grande vitesse (TGV)

ligne à grande vitesse en projet

A 41 autoroute

frontière d'État

Source : d'après Le *Livre blanc franco-genevois de l'aménagement du territoire*, juillet 1993.

années plus tard. Sur ces bases, la métropole lémanique avoisine un million d'habitants. Sa vocation internationale se signale tout particulièrement par la part de la population résidente étrangère supérieure à 25 %.

2. Les grandes métropoles politiques mondiales

Quels sont les points communs entre Paris, Londres, Tokyo, Madrid, Moscou, Pékin ? Une dimension multimillionnaire assez comparable pour Paris, Londres, Pékin et Moscou. Pour toutes, un rôle historique de capitale qui a marqué soit l'origine unitaire, soit la consolidation décisive d'un État-Nation fort : ces villes ont été à la tête d'anciennes puissances impériales ou coloniales et contrôlent toujours une vaste zone d'influence financière, économique, culturelle ou linguistique : Paris en Afrique, dans les Caraïbes et en Europe, Londres entre Océanie et Amérique, Madrid en Amérique latine et jusqu'à San Francisco ; Tokyo a dessiné sur les rives du Pacifique le « cercle vertueux de la croissance », Pékin commande le très vaste espace du « monde sinisé », communauté dispersée de culture et de civilisation. Les liens du centre avec la périphérie de ces économies-mondes ont évolué sous des formes actuelles moins contraignantes mais qui restent influentes. Ces capitales relèvent de pays membres du club des sept ou huit premières puissances du monde qui représentent toutes un poids déterminant dans l'évolution des affaires économiques et des relations politiques mondiales. La fonction métropolitaine définie ainsi à une échelle mondiale implique en fait une dynamique conjuguée, à la fois interne et externe, nationale et internationale, car le poids de toutes ces capitales dépasse en importance historique celui de leur propre pays qui pourtant n'est pas sans importance.

La fonction métropolitaine ne se réduit pas à l'expression urbaine des grandes puissances du moment. Observons au contraire la difficulté d'émergence définitive des capitales des constructions territoriales multinationales trop vastes et donc fragiles. Dans ce sens, la chance à venir de Moscou serait dans le retour à un contrôle plus réel des territoires nationalement unifiés et dans la construction d'un lien souple et accepté entre centre et périphéries. La définition des grandes puissances par le nombre de la population et la force armée, par la superficie et l'importance des ressources naturelles, n'influe pas durablement sur la hiérarchie urbaine. Plus spectaculaires sont en revanche les manifestations urbaines d'une volonté nationale unitaire (Paris) ou d'un élan spirituel et moral (Téhéran).

Comme Tokyo, Pékin est une ancienne très grande ville : peut-être 600 000 habitants au XVIIe siècle, c'est-à-dire après Tokyo, avant Londres et Paris, la deuxième ville du monde. Comme Tokyo, elle peut apparaître d'une certaine façon comme une capitale relativement

Pékin a son *World Trade Center*

Cet ensemble immobilier d'affaires, le plus vaste de Chine (400 000 m^2 de plancher), se veut le « monument de l'ouverture ».
C'est à l'intention des étrangers désireux de faire du commerce avec la Chine que ce gigantesque complexe a été réalisé. Sur douze hectares, non loin de la place Tien An Men, il comporte une tour de bureaux de 85 000 m^2 sur quarante niveaux, un autre bâtiment de 35 000 m^2 sur six étages, un hôtel cinq étoiles de 585 chambres, deux tours d'appartements sur trente-deux niveaux comportant 478 logements, des salles de congrès, deux centres d'exposition, un centre commercial et des parkings...
Concrétisation du désir d'ouverture de la Chine, cet ensemble immobilier est aussi un des chantiers phares du groupe de la Société auxiliaire d'entreprise (SAE). Sur un total d'investissements de 480 millions de dollars, la part du contrat de la SAE a été de 268 millions de dollars. Son client était une joint-venture à 50-50 entre un promoteur privé de Hong Kong, le groupe Kuok, et le gouvernement chinois (ville de Pékin et ministère du Commerce extérieur).

Source : *Le Figaro,* 31 août 1990.

Le « printemps de Pékin »

Au début, étudiants et badauds de cette immense foule pékinoise étaient descendus dans la rue, la fleur à la boutonnière, masse bon enfant prenant au mot ses dirigeants qui lui promettaient plus de liberté et avaient desserré l'emprise étroite des trois premières décennies de communisme.

En fin d'après-midi vendredi, on se croyait au bord de l'émeute. Il y avait eu un élan spontané, presque irréfléchi, pour prendre d'assaut le Palais du peuple, siège de l'Assemblée nationale populaire, de la part de centaines d'étudiants que les meneurs parvinrent à décourager d'un tel geste. Puis des groupes de plusieurs dizaines d'éléments manifestement incontrôlés commencèrent à sillonner l'immense place Tian An Men, qui peut contenir jusqu'à un million de personnes, à la recherche de prétexte à chahut, en particulier autour des voitures de police de plus en plus présentes... À l'heure du dîner, tout changea. Le Pékinois moyen décida, en nombre bien plus important que les jours précédents, d'aller prendre la fraîche sur la place Tian An Men, à vélo le plus souvent. Toute la soirée, les avenues menant au centre de la ville virent s'écouler un flot dense et incessant de cyclistes, employés de bureau bien mis, intellectuels à lunettes, mais aussi ouvriers, gens humbles ou ménagères, qui n'avaient visiblement rien d'activistes du mouvement contestataire mais entendaient simplement montrer à leur manière qu'ils n'avaient pas peur, non plus, des menaces brandies par la police...

La terreur de la nuit du 3 au 4 juin fera des milliers de morts. La répression causera des dizaines d'exécutions, la plupart clandestines, et des dizaines de milliers voire plus de cent mille arrestations et déportations.
Quatre années après ces événements, la place est toujours sous surveillance.

Source : « Un printemps de 1989 », *Le Monde, Dossiers et Documents,* octobre 1989.

récente, car elle fut délaissée par les Ming, au profit de Nankin, de 1368 à 1644 et déclassée à nouveau entre 1928 et 1949. Comme Tokyo, elle affirme une position géographique pionnière, excentrique, septentrionale par rapport au centre de gravité de la civilisation nationale représentée. À 75 kilomètres seulement de la Grande Muraille de Chine, Pékin, porte de l'empire, ville-marché des caravanes, capitale des envahisseurs, commande les routes stratégiques qui ouvrent les passages historiques vers le nord-ouest (la Mongolie) et vers le nord-est (la Mandchourie). Comme pour Tokyo, la marque impériale a déterminé la morphologie urbaine traditionnelle : au centre de la ville tartare des Mandchous se dresse le palais impérial, symbole de l'empire du Milieu, au cœur de la cité interdite, image carrée de la Terre pour les Chinois, entre quatre temples aux quatre points cardinaux. On pense à Tenochtitlan-Mexico, autre témoin d'une civilisation urbaine, dont Cortés décrivait le plan général inspiré par le Soleil et les points cardinaux, avec deux grandes voies se coupant à angle droit au centre de la ville où s'étendait une vaste place, avec le grand temple et les édifices municipaux. Le palais d'Été, dans le nord-ouest de Pékin, dans un site en relief aujourd'hui inclus dans la ville, domine une zone résidentielle et, depuis 1949, universitaire. À l'est du palais impérial, le quartier des légations, avec de belles avenues élargies, regroupe les ambassades, les grands hôtels et les beaux immeubles.

La capitale chinoise a connu une expansion démographique considérable entre 1949 et 1960. Des investissements préférentiels du nouveau régime, une politique économique d'industrialisation accélérée, l'extension un peu artificielle aussi du périmètre de la municipalité, expliquent la montée des chiffres : 2 360 000 habitants en 1949, ce qui en fait la quatrième ville du pays, 2 768 000 habitants en 1953 (dont 708 000 ruraux), 4 148 000 en 1958 pour 8 700 km^2 (dont un million de ruraux supplémentaires), 6 800 000 habitants en 1959, mais pour cette fois 16 800 km^2. La croissance a repris un rythme rapide aujourd'hui, avec la libéralisation économique et le développement des investissements étrangers : 9,3 millions d'habitants en 1975, 15,3 en 1990, avec toutes les villes-satellites, 19,9 millions d'habitants peut-être en 2000. Le triangle métropolitain Pékin-T'ien-Tsin-T'ang-Shan, qui inclut les espaces périurbains, concentre plus de 22 millions d'habitants, des chiffres comparables à ceux de la grande agglomération métropolitaine de Tokyo. Une dynamique tertiaire internationale est à l'origine du plus vaste centre d'affaires du pays, le China World Trade Center de Pékin, inauguré en 1990 (400 000 m^2 de plancher).

Paris et Londres, les deux plus grandes métropoles européennes, concentrent l'ensemble des fonctions supérieures de commandement politiques, administratives, économiques, sociales et culturelles. Sans doute, la centralisation du pouvoir politique en France a-t-elle largement favorisé ici la concentration du pouvoir économique. Politique est un mot d'origine grecque qui signifie la ville, la cité. Dans ce sens,

Paris, foyer de culture internationale

C'est à la dynastie capétienne que Paris doit en France son rôle politique. Avant l'accession des ducs de France à la dignité royale, Paris n'avait servi de résidence aux rois francs que par intermittence. Clovis s'y était fixé et avait désiré être enterré dans l'église Sainte-Geneviève, mais ses successeurs avaient résidé à Reims ou à Sens au moins autant qu'à Paris. Quant aux Carolingiens, ils avaient transporté dans les pays rhénans, à Aix-la-Chapelle, le centre politique de leur empire. Les Capétiens eux-mêmes n'adoptèrent Paris comme capitale qu'après avoir habité successivement Angers, Tours et Orléans. Paris offrait pour eux l'avantage de tenir les routes qui reliaient les deux portions les plus étendues du domaine royal, le comté de Paris, la France et le Vexin sur la rive droite de la Seine, le comté d'Orléans entre Seine et Loire... Désormais la croissance de Paris resta liée aux progrès de l'autorité royale et à l'extension territoriale de l'État capétien dont elle était la capitale...

C'est la prépondérance politique qui a continué à engendrer au cours des siècles la prépondérance intellectuelle et spirituelle de Paris, grâce à la volonté et au prestige des classes dirigeantes fixées auprès des grands corps de l'État. Malgré l'éclat des foyers provinciaux de culture intellectuelle, c'est encore de Paris que rayonnent les grandes œuvres littéraires, les grands travaux scientifiques, les créations du goût français. Aucune ville de France ne possède de plus de musées, de grandes bibliothèques, de sociétés savantes, de clubs, de syndicats, de lieux de réunion, de foyers de discussion, de centres de réjouissance, en un mot de ces institutions sociales qui composent cette chose si délicate et si compliquée qu'on appelle une civilisation nationale. Voilà pourquoi tant d'étrangers viennent à Paris pour y connaître ce qui fait l'essence de la civilisation française. Paris, cœur et cerveau de la France, est devenu un foyer de culture internationale.

Source : A. Demangeon, *La France, La Géographie universelle*, tome VI, A. Colin, 1948, p. 791.

Paris, capitale incontestée d'un État-Nation unitaire et centralisé

Paris fut très tôt la capitale incontestée du plus grand État moderne de l'Europe occidentale, le plus tôt constitué, longtemps le plus peuplé et le plus prospère, le plus centralisé. Elle a concentré les richesses, attiré les savants, les arts, les étrangers. La création en 1253 de la Sorbonne, l'une des plus vieilles universités du monde, a fondé le prestige intellectuel de Paris. Le Siècle de Louis XIV, puis le Siècle des Lumières et la Révolution française ont achevé de donner à Paris sa prééminence intellectuelle et politique, et de l'ouvrir sur le monde....
Le français, après avoir été à partir du XVIIIe le langage de l'intelligentsia, des cours et de la diplomatie, est devenu aussi langue de communication de nombreux peuples vivant sur tous les continents [...]
Que de traités signés à Paris, devenu bien souvent capitale de la Paix. Leur nombre se multiplie dans la seconde moitié du XVIIIe et au XIXe siècle : 1763, 1778 et 1783 pour clore les luttes coloniales franco-anglaises, 1814 et 1815 pour mettre fin à celles de la Révolution et de l'Empire, 1856 après la guerre de Crimée, en 1871... et toutes les conférences de la paix de 1919-1920 qui se tinrent autour de Paris... les conférences internationales de 1921 et 1923, le pacte de Paris de 1928.... Paris est aussi redevenu une plaque tournante diplomatique à l'occasion des conférences pour la fin des guerres du Viêt-nam en 1965-1967, puis en 1989 du Cambodge. [...]

Source : J. Bastié, « Paris et l'Île-de-France, terres de rencontres, congrès, salons, tourisme d'affaires, etc. », *Cahiers du CREPIF*, Centre de recherches et d'études sur Paris et l'Île-de-France, avril 1990, n° 30, pp. 7-12.

Paris est capitale politique par excellence, universelle, à un degré qui dépasse son propre rôle national. C'est à partir de Paris qu'a été forgé en effet le concept géopolitique d'État-Nation centralisé unitaire conçu comme le modèle de l'État moderne.

On sait qu'il n'est pas de capitale au monde qui exerce sur le pays qu'elle gouverne une autorité aussi efficace : Paris a construit l'État français en imposant l'unité de la langue (ordonnance de Villers-Cotterêts, 1539), puis le contrôle administratif, enfin le balisage territorial par un maillage en étoile, de la capitale jusqu'aux frontières, de toute la circulation. Au cœur du noyau central de l'État, la capitale politique exerce, par ses monuments et cérémonies patriotiques, un rôle symbolique unificateur très fort.

Le thème n'a évidemment pas de rapport avec la géographie physique ou humaine, mais s'avère un montage historique des monarques, repris par la Révolution et renforcé par l'Empire. La centralisation s'est si bien enracinée dans nos traditions politiques que toute tentative pour la mettre en cause paraît comme une atteinte à l'unité nationale. Identité rare donc entre la ville-capitale, le pays, l'État, la Nation, qui fait que les images de marque de Paris et de la France sont à l'étranger étroitement liées.

Paris est devenue après la Seconde Guerre mondiale une capitale politique internationale, lorsqu'elle a accueilli des organisations comme l'Organisation européenne de coopération économique, l'UNESCO, l'Organisation du traité de l'Atlantique Nord (OTAN). On compte ainsi une vingtaine d'importants organismes intergouvernementaux et près de 300 institutions internationales non gouvernementales.

Le problème de Paris est cependant de pouvoir rester membre du club fermé des très grandes métropoles mondiales, aux côtés de New York, Londres et Tokyo. En Europe même, la position de Paris n'apparaît pas dominatrice, car l'axe économique de la Communauté est sur le Rhin. Que l'on considère la densité démographique, les grandes fonctions économiques ou les fonctions de commandement international, la colonne vertébrale de l'Europe est organisée autour d'un arc Londres-Milan qui contourne l'hexagone : sud de l'Angleterre, Pays-Bas, Allemagne rhénane et bavaroise, Suisse alémanique, Italie du Nord. À cette échelle, Paris présente juste la masse nécessaire pour servir de contrepoids solide et jouer un rôle de relais européen pour le territoire français. Notons aussi que l'introduction de la Grande-Bretagne dans le Marché commun a réanimé la rivalité entre les deux capitales d'empires déchus et renforcé sans doute finalement la position de la métropole belge. En revanche, l'image culturelle de Paris reste immense.

Mais aujourd'hui la puissance économique paraît autrement plus déterminante pour qualifier le pouvoir des premières métropoles mondiales. La fonction politique est limitée à New York. Exception d'importance, l'ONU que les États-Unis accaparèrent à sa création.

Washington au centre du complexe militaro-économique américain

L'importance de la fonction publique incluant outre le gouvernement fédéral les sièges d'organismes internationaux tels que le FMI explique la proportion insolite de fonctionnaires parmi les actifs, soit près de 40 %. Longtemps, cette prédominance n'a laissé de place qu'aux industries et services d'accompagnement urbain, à la presse et aux activités touristiques : la visite au Capitole, à la Maison-Blanche et aux monuments dédiés à la mémoire des grands hommes est inscrite au parcours obligé du futur citoyen américain. La nécessité de contacts politiques et administratifs a tout de même incité les grandes firmes impliquées dans les programmes fédéraux à ouvrir progressivement des bureaux dans la capitale... L'avantage de la situation est évident dès lors qu'il s'agit de travailler conjointement avec le Pentagone, la NASA, les établissements de la marine américaine et de nombreux laboratoires et services fédéraux... Les entreprises à forte densité de matière grise installées autour de Washington participent pour la plupart à ce que l'on appelle le complexe militaro-industriel. C'est en particulier le cas des plus importantes qui travaillent sur les programmes de l'US Air Force et de l'US Navy dans les télécommunications, la fabrication des missiles ou l'entretien des navires nucléaires... Ce sont en définitive les ministères et les agences gouvernementales qui fournissent l'impulsion. Il en résulte une situation de dépendance avec tous les aléas mais aussi les pressions que cela implique.

Source : J. Béthemont et J.-M. Breuil,
Les États-Unis : une géographie régionale, © Masson, Paris, 1989, p. 60.

L'absence d'administration fédérale ou de ministère d'État a pesé en faveur de New York. Cette organisation mondiale pour la paix et le progrès, fondée en 1945 à San Francisco, a établi en 1952 son siège au bord de l'East River, après un séjour provisoire à Londres. Les bâtiments, construits d'après des plans de Le Corbusier et d'Oscar Niemeyer et où travaillent plus de 4 000 personnes, regroupent la résidence et les bureaux du Secrétaire général (*Secretariat Building*), le Conseil de tutelle, le Conseil de sécurité, le Conseil économique et social (*Conference Building*) et l'Assemblée générale.

Les représentations des pays membres, les missions diplomatiques permanentes, avec leurs nombreux personnels, contribuent à l'activité culturelle et économique locale. Elles forment une clientèle assidue des grands hôtels, des spectacles, des magasins de luxe.

On observera cependant qu'à l'exception de Washington la fonction politique et administrative s'avère très secondaire dans la ville américaine, marquée au contraire par le primat symbolique de la puissance privée. Et la politique ne suffit pas pour faire de Washington une grande métropole mondiale.

Les métropoles, moteurs et compteurs de la géo-économie : l'organisation du commerce international

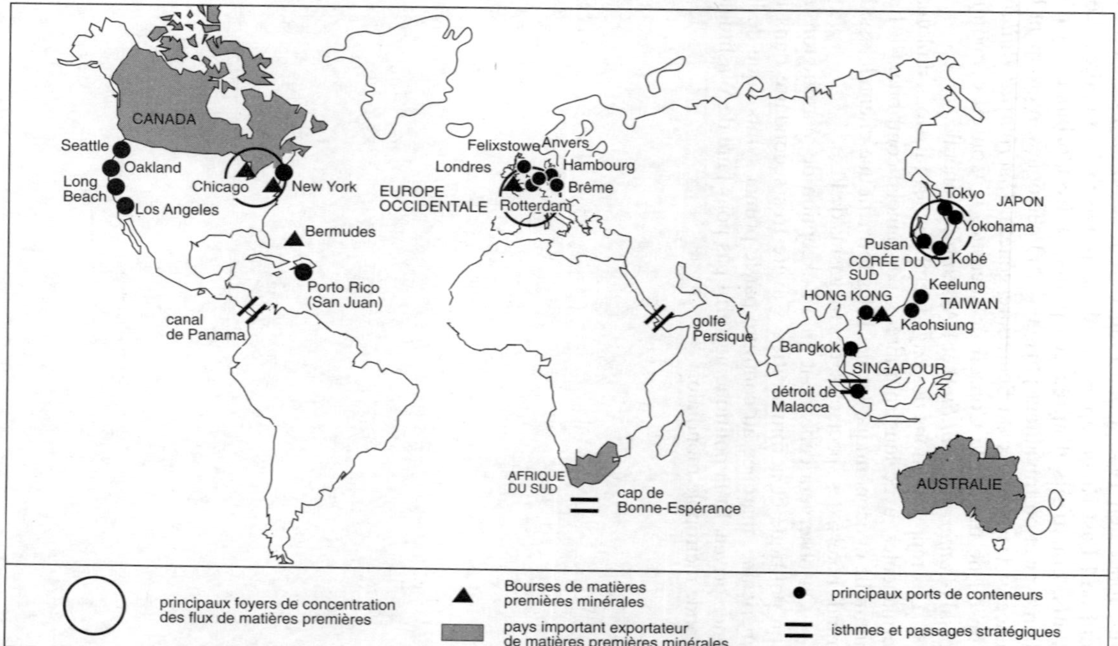

2

Les capitales de l'économie mondiale

Les capitales de l'économie mondiale tiennent leur pouvoir de la puissance de leur pays. Ce sont les économies nationales dominantes (États-Unis, Japon et Allemagne) qui comptent les lieux centraux capables de créer des activités économiques autonomes et d'impulser une dynamique structurante dans l'espace mondial : conurbations (*mégalopolis*) du nord-est des États-Unis, du Japon de Tokyo à Osaka, de l'Europe de Milan à Londres. Ces foyers s'identifient aux plaques tournantes du capitalisme mondial.

La définition révèle un point de vue synthétique. Le commerce de l'or et des monnaies, les marchés financiers se fixent assez fidèlement sur les carrefours des grandes routes maritimes et aériennes et attirent à leur tour les sièges sociaux des entreprises mondiales, ainsi que les emplois tertiaires de haut niveau qui servent les relations d'affaires. Et cette concentration de richesse anime la restauration, l'hôtellerie, le commerce de luxe, les spectacles. Les grandes places financières s'avèrent le plus souvent également des capitales culturelles. Un double effet d'agglomération et de juxtaposition rassemble ici l'offre et la demande liée et explique une impressionnante concentration d'activités très sophistiquées dans quelques métropoles mondiales. Ces villes doivent pouvoir mobiliser rapidement des partenaires multiples, pour mettre en œuvre des relations transversales de caractère intersectoriel et pluridisciplinaire. Aujourd'hui, les centres métropolitains mondiaux animent une économie moderne de l'information et de la communication qui participe finalement à la sphère culturelle des organisations.

Ces pôles relationnels majeurs servent d'interface entre les économies locales et l'économie internationale. Cependant, les solidarités intrarégionales ou nationales influencent peu les logiques des grandes entreprises mondiales qui retiennent des polarisations en réseaux et soulignent des relations intermétropolitaines, à travers des espaces discontinus. C'est l'intensité du rayonnement international, l'intégration à des flux et à des mécanismes de portée intercontinentale qui font l'origina-

La tradition, source de confiance : l'exemple de la City

Si Londres accumule vingt siècles d'histoire, le quartier des ministères actuel perpétue une tradition médiévale : du XIe au XIVe siècle, le gouvernement s'installe autour de la Cité de Londres, la monnaie est battue dans la Tour, près du Palais royal de Westminster siège le Parlement, les cours de justice tiennent séance non loin, dans les Inns of Court ; la Cour, le clergé, les agents de la couronne créent un courant commercial qui stimule marchands, financiers et artisans dont l'aire de négoce s'étendra peu à peu au monde entier. La « City » tire de ce marché une puissance croissante jusqu'à l'affirmation d'une autonomie interne que certifie l'élection du Lord Mayor, installé au Guilhall, second personnage du royaume dans le protocole du XIIIe siècle. Aucun officier royal ne pouvait pénétrer dans la City, seul l'assentiment de la municipalité permettait au suzerain d'y séjourner : rarement telle séparation de pouvoirs aura consacré la liberté des bourgeois d'une vieille cité, qui suscitera l'apparition compensatrice d'une ville royale, juxtaposée à l'ouest, la City of Westminster.

Source : M.-J. Bertrand, *Géographie de l'Administration, l'impact du pouvoir exécutif dans les capitales nationales*, éditions Génin Librairies Techniques, Paris, 1974, p. 35.

L'internationalisation de la City

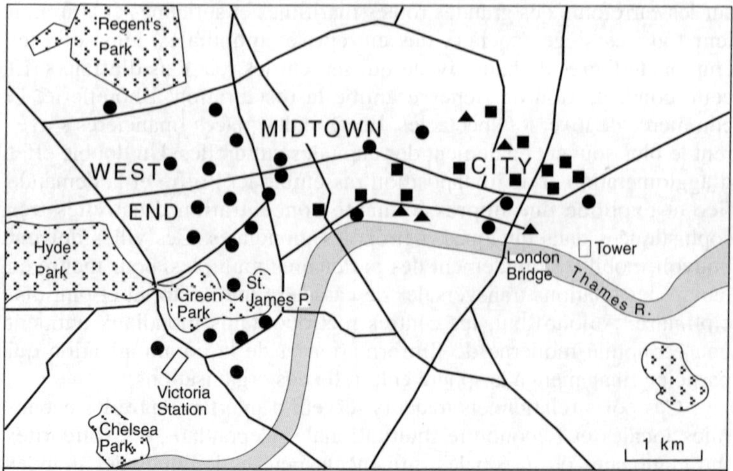

Principaux et récents investissements étrangers à Londres (1980-1991)

● investissements français ■ investissements américains ▲ investissements japonais

lité des grandes métropoles mondiales. Ainsi les barrières entre les places financières nationales se sont-elles écroulées quand a émergé un système financier intégré à l'échelle de la planète, vaste et unique marché international des capitaux sur lequel on a relevé la perte d'influence des banques centrales, dont les interventions semblent ignorées aussi par les spéculateurs sur le marché des changes. Les réserves officielles ne représentent plus qu'une part très faible du volume des devises échangées. Cette régulation privée des finances internationales a mis en valeur la qualité des places traditionnelles de New York, de Londres, de Tokyo et de Francfort.

Le développement du système financier international depuis trente ans a permis cependant l'émergence de nouveaux pôles offrant une gamme d'activités beaucoup plus limitée. Centres régionaux récents, paradis fiscaux équivalents financiers des zones franches pour les marchandises, places off shore ou centres spécialisés, sans base nationale puissante, ces villes présentent une vocation internationale de complément ou de relais des grandes capitales économiques mondiales. Mais certaines, telles Hong Kong et Singapour, veulent s'affirmer comme de véritables métropoles, malgré un support territorial fragile.

1. Les conditions de l'essor des grandes places d'affaires

Parmi toutes les conditions, l'activité commerciale paraît essentielle. Ainsi à Londres, à Amsterdam ou à New York, l'apparition d'un marché financier, toujours prêt à escompter les effets de commerce de bonne qualité, résulte d'un négoce maritime étendu progressivement à l'ensemble des continents. Dépôts d'or, transactions bancaires, assurance des transports, affrètement des navires et Bourses de commerce sont ici étroitement liés. À Francfort, où le premier bureau de change date de 1402, les foires étaient pourvoyeuses d'importantes opérations financières. Même chose à Milan. L'interpénétration du négoce et de la finance reste vraie aujourd'hui.

Une deuxième condition est l'ancienneté de la métropole, gage de compétence de la place. La Bourse de valeurs de Francfort date de 1585, celle d'Amsterdam de 1606, celle de Londres de 1773. Depuis le XVIIIe siècle où l'on se réunissait dans les *coffee houses* pour négocier les titres de la Compagnie des Indes, la City n'a cessé de développer sa position de centre financier international, même si la livre sterling ne joue plus le rôle de monnaie de réserve d'autrefois et si l'Empire bâti sur la suprématie de la Royal Navy n'est plus qu'un souvenir.

Même permanence finalement à New York, où le quartier d'affaires dans Manhattan reprend le site du noyau initial que limitait Wall Street, ou « rue des fossés », dans La Nouvelle-Amsterdam. Il s'agissait en fait d'une simple palissade, construite à la fin du XVIIe siècle par le gouverneur Peter Stuyvesant et au pied de laquelle se réunissaient négociants, armateurs, banquiers et assureurs.

Une tradition séculaire rassure la finance internationale autant que la réputation de la monnaie à Zurich. La place a ravi à Genève à la fin du XIXe siècle le titre de capitale financière pour la Suisse. Elle a fixé les sièges sociaux des deux plus grandes banques du pays, Union des Banques Suisses et Crédit Suisse. La place est active surtout sur les marchés des changes et des capitaux. Elle est réputée pour le commerce de l'or et les placements privés.

Troisième condition, la qualité du système de communications, non seulement pour les hommes et les marchandises, mais encore pour les informations dont ont absolument besoin les hommes d'affaires. Les centres de direction des affaires recherchent en s'implantant dans les grandes métropoles mondiales des économies externes, c'est-à-dire ici des communications rapides et des informations spécialisées.

Le premier journal économique dans le monde, une simple feuille d'informations économiques, a été créé au XVIIIe siècle à Londres, par E. Lloyd, un tavernier de la City chez qui les clients avaient pris l'habitude de s'informer sur le sort des navires et des marchandises. Les nouvelles intéressaient particulièrement les souscripteurs d'assurance qui avaient formé le célèbre syndicat Lloyd's. Le nouvel immeuble du Stock Exchange, 26 étages en plein cœur de la City, compte depuis 1990 plus de 1 000 postes de télévision intérieurs et 6 000 téléphones, pour négocier chaque année sur plus de 9 000 valeurs. Londres est aussi une plaque tournante pour les voyageurs internationaux. Elle est le point d'entrée naturel des Américains en Europe, vers le Moyen-Orient et l'Afrique ; pour les hommes d'affaires du Moyen-Orient, elle est le point de passage obligatoire vers les États-Unis. Heathrow est l'aéroport au monde qui voit le plus grand nombre de passagers internationaux.

Francfort bénéficie d'une situation privilégiée de remarquable carrefour, avec un nœud ferroviaire, routier, et un trafic fluvial incomparables en Allemagne et surtout le troisième aéroport d'Europe, desservant près de 200 villes dans le monde.

Autre condition, l'appui de l'industrie ; moins les usines et les laboratoires, dont la localisation entre peu en compte, que les sièges sociaux qui engagent les opérations et manipulent les fonds. New York regroupe 158 quartiers généraux sur les 500 plus grandes affaires industrielles américaines. L'Île-de-France compte près de 6 600 sièges sociaux d'entreprises de plus de 100 salariés (toutes activités), 390 parmi les 500 premières entreprises françaises en 1992.

Dernier facteur, mais pas le moindre : l'ambiance politique que mesure en particulier l'orientation donnée aux institutions et aux mœurs administratives et qui définit un climat de liberté d'entreprise, pour attirer des capitaux internationaux et établir des contrats. Le trait favorise incontestablement les pays anglo-saxons. Il affaiblit en revanche Paris que l'on critique pour les contraintes d'une administration tatillonne, malgré les réformes libérales entreprises depuis 1985.

On sait le Stock Exchange à Londres totalement indépendant des pouvoirs publics, dès 1945. On peut parler plus généralement de la flexibilité de l'environnement réglementaire de la place, où la promulgation des règles d'activités internationales est toujours précédée d'une consultation approfondie avec les banques concernées. L'autorégulation consentie joue finalement un rôle important. La Banque d'Angleterre, qui a concouru au développement de l'euromarché, est une banque centrale tournée vers l'extérieur, manifestant une grande sensibilité internationale et démontrant dans sa pratique beaucoup de pragmatisme et d'indépendance politique.

On connaît aussi l'indépendance politique de la banque centrale allemande qui a fait la solidité du deutschemark. L'argument a servi le choix de Francfort pour siège de l'Institut monétaire européen, créé le 1er janvier 1994, et qui deviendra la Banque centrale européenne quand la monnaie unique sera engagée.

Les libertés politiques accompagnent parfois les libertés fiscales : les Néerlandais ont ainsi tissé un impressionnant réseau de conventions internationales qui réduisent considérablement l'imposition des bénéfices des entreprises au moment de leur rapatriement aux Pays-Bas. C'est pourquoi la conurbation du Randstad a fixé les sièges d'un très grand nombre de holdings – sociétés financières, sociétés de gestion de portefeuille de brevets – ou bien des quartiers généraux des firmes multinationales (c'est-à-dire des états-majors qui exercent des fonctions de direction, de coordination, de gestion et de contrôle, pour un secteur géographique déterminé). Amsterdam est le paradis des *finance companies* qui lèvent des capitaux sur les marchés financiers internationaux, pour les reprêter aux diverses filiales des multinationales ; des *royalty companies* qui perçoivent des droits sur les licences, les franchises et autres redevances, en provenance du monde entier ; des banques et avocats fiscalistes internationaux.

2. Les activités des grandes places d'affaires

Les routes maritimes et les carrefours fluviaux, les grandes voies marchandes qui ont dessiné les premières cartes des flux de marchandises,

Les principales Bourses de valeurs dans le monde

	Capitalisation des actions nationales fin 1992	Nombre de sociétés cotées	Sociétés étrangères	Nombre de transactions en milliers en 1992
NEW YORK	3 797 637	2 089	120	30 516
TOKYO	2 397 371	768	117	21 790
LONDRES	928 393	440	522	5 338
PARIS	349 608	1 008	222	5 937
FRANCFORT	346 891	1 259	594	9 135
TORONTO	241 875	119	70	3 504
MONTRÉAL	197 807	578	22	913
ZURICH	189 117	420	240	n.c.
HONG KONG	171 984	413	27	5 954
JOHANNESBURG	148 675	671	29	463
MEXICO	138 745	199	448	
AMSTERDAM	134 187	413	226	644
SYDNEY	133 555	73	35	1946
MILAN	128 971	258	3	n.c.
SEOUL	107 661	688	n.c.	
MADRID	98 847	404	3	n.c.
KUALA-LUMPUR	91 471	366	3	5 320
STOCKHOLM	76 172	118	10	796
BRUXELLES	64 089	327	156	n.c.

entre centres de production et régions de consommation, déterminent encore aujourd'hui le niveau supérieur de la hiérarchie des métropoles économiques.

Les Bourses de commerce

Les Bourses de commerce, qui supposent des échanges intenses pour les produits concernés, doivent s'appuyer simultanément sur un support financier puissant en matière de crédit, d'association de capitaux et d'arbitrage sur les changes, et sur l'usage de moyens techniques exigeants dans le domaine logistique (modes de transport, marché de fret, télécommunications, sources d'information à l'échelle du monde). Ces marchés mettent en relation acheteurs, vendeurs et intermédiaires ou courtiers agréés. On les situe donc près des zones de production, comme Winnipeg et Chicago pour les céréales, ou près des zones de consommation, comme New York et Hambourg.

Capitale de l'agro-business américain, Chicago fixe en fait les prix pour le monde entier. Le développement international de la place est postérieur à 1945 et sa prospérité correspond aux achats massifs effectués par l'URSS à partir de 1972. Le commerce mondial des grains est dominé ici par trois firmes multinationales : Cargill, de Minneapolis, dont le centre fiscal est Panama ; Continental Grain, de New York, fixé aussi à Panama et Genève ; Bunge, dont le siège est à São Paulo, les intérêts en Argentine et la gestion fiscale à Curaçao. Ces entreprises contrôlent les silos dans les ports d'exportation (La Nouvelle-Orléans) et d'importation (Rotterdam), les wagons et les barges, les cargos, les industries de transformation (farine, biscuit, aliments pour le bétail, viande, engrais, machines agricoles).

Les Bourses des matières premières, qui règlent une partie importante des échanges internationaux, doivent être situées près des grandes puissances qui commandent politiquement et financièrement l'organisation des échanges. Le fait n'est pas nouveau puisque Londres fixait avant 1914 les flux du cuivre et de l'or d'Afrique du Sud et de Rhodésie, de l'étain de Malaisie, de la laine d'Australie, du thé de Ceylan, de l'ivoire d'Afrique. En raison d'une organisation financière et technique inégalée, elle reste toujours déterminante pour les métaux non ferreux. La position de New York s'avère dominante depuis 1918, surtout pour le coton, le café, l'aluminium, le platine et le mercure. Subsistent des petites places, impliquant une aire de desserte nationale, comme Paris pour le cacao de la Côte-d'Ivoire ou le sucre de betterave et comme Amsterdam pour le café et le cacao. Ces positions traditionnelles sont menacées par l'apparition de certains produits de synthèse ou de remplacement et par le développement de relations directes interfirmes, entre producteurs et consommateurs, tendance stimulée par la concentration économique.

La répartition des 500 plus grandes firmes mondiales

ÉTATS-UNIS	161	Mégalopolis	55
		Chicago-Illinois	16
		Reste des Grands Lacs	16
		Californie	16
		Saint-Louis	6
		Pittsburgh	5
		Houston	5
		Dallas Texas	4
		Atlanta	3
JAPON	128	Tokyo	83
		Osaka/Kobe/Kyoto	30
		Kariya	4
GRANDE-BRETAGNE	42	Londres	33
		Birmingham	2
ALLEMAGNE	32	Francfort	3
		Munich	3
		Düsseldorf	3
		Stuttgart	2
		Mannheim/Ludwigsh	2
FRANCE	30	Paris	28
SUÈDE	14	Stockholm	8
CORÉE DU SUD	12	Seoul	10
SUISSE	9	Zurich	3
		Bâle	3
AUSTRALIE	9	Sydney	5
		Melbourne	4
CANADA	8	Toronto	4
		Montréal	3
		Calgary	1
PAYS-BAS	8	Amsterdam	1
ITALIE	6	Rome	2
		Milan	1
		Turin	1
NORVÈGE	5	Oslo	3
BELGIQUE	4	Bruxelles	4
FINLANDE	4	Helsinki	3
AFRIQUE DU SUD	4	Pretoria/Johannesburg	2
ESPAGNE	4	Madrid	4
INDE	3	New Delhi	2
TURQUIE	3	Istanbul	2

Source : Revue *Fortune* du 26 juillet 1993.

Les sièges des firmes transnationales

Les capitales de l'économie mondiale ont fixé les états-majors des entreprises multinationales. Ces firmes représentent une puissance gigantesque : les 200 premières rassemblent un chiffre d'affaires cumulé de plus de 3 000 milliards de dollars, soit près du quart de la production mondiale en 1993. General Motors a un chiffre d'affaires supérieur au PNB de la Suède. Sur les 20 premières multinationales, 9 sont américaines, 4 japonaises, 6 européennes, la vingtième étant sud-coréenne. Au palmarès des 500 premières entreprises mondiales présenté par le magazine *Fortune*, on trouve 161 américaines, 163 européennes, 128 japonaises. Depuis 1965, les positions de l'Europe occidentale s'effritent lentement quand montent au tableau les firmes transnationales d'Asie et d'Amérique latine.

Les quartiers généraux qui coordonnent les activités des filiales des multinationales choisissent de s'implanter dans les grandes métropoles. Pour leurs états-majors en Europe, les entreprises américaines et japonaises préfèrent Londres et Bruxelles à Paris. Viennent ensuite Zurich et Genève. En 1990, on recensait 803 implantations américaines en Europe et 146 japonaises ; 332 étaient positionnées en Grande-Bretagne, 196 en Belgique et seulement 99 en France.

Les places financières

Les grandes métropoles sont des places financières, c'est-à-dire à la fois boursières et bancaires. Le rôle des Bourses comme lieu de placement et instrument de restructuration du capital des sociétés devient essentiel. On peut mesurer l'importance des marchés boursiers en termes de capitalisation et de transactions – malgré la sensibilité des résultats aux variations des taux de change, une baisse du dollar entraînant celle relative de Wall Street. La capitalisation boursière est trois fois plus élevée à Londres qu'à Paris, mais la City reste loin derrière Wall Street cependant ; à Londres, le volume de transactions est à peu près égal en 1990 à celui de Paris, mais reste six fois inférieur à celui de Wall Street. On enregistre deux fois plus de capitalisation boursière par habitant aux États-Unis qu'en Europe, et six fois plus au Japon.

Compte aussi le niveau de modernisation des techniques de transaction et d'information mises en œuvre. Pour faire de Londres la rivale de New York et de Tokyo, la City a adopté une profonde réforme en octobre 1986 : liberté de négoce, c'est-à-dire suppression des commissions fixes sur les transactions et ouverture de la Bourse aux intervenants étrangers qui supprime l'ancien monopole des agents de change. Parallèlement, comme à New York et à Tokyo, le système des cotations a été entièrement informatisé. Désormais, les cours s'affichent sur les écrans télématiques du *Stock Exchange Automated Quotation System.*

La fonction de direction économique et financière de New York

Peut-être convient-il de rappeler que six des huit premières entreprises des États-Unis ont leur siège dans la région new-yorkaise et que six des huit premières banques (Citicorp, Chase Manhattan, J. P. Morgan, Manufacturers Hanover, Chemical, Bankers Trust) sont dirigées depuis Manhattan. Au total, 55 des 500 plus grandes compagnies américaines sont dirigées depuis New York City. Même lorsque les grandes compagnies quittent ou ne ralient pas Manhattan, elles restent proches comme IBM à Armonk ou Texaco à White Plains, localités qui font partie de l'agglomération new-yorkaise. Cette concentration, qui s'étend aux banques d'investissement (American Express-Shearson Lehman, Salomon, Merrill Lynch, Goldman Sachs, Drexel Burnham ...) et aux compagnies d'assurances, doit être mise en relation avec le marché financier, qui comprend le New York Stock Exchange, mais aussi deux marchés de matières premières, le New York Commodity Exchange et l'American Commodity Exchange. Évidente à l'échelle américaine, la suprématie des marchés new-yorkais l'est désormais un peu moins à l'échelle mondiale, devant la montée des places asiatiques. En termes de capitalisation boursière, Tokyo a rattrapé New York...
En l'absence de toute vue prospective, Wall Street reste la première place financière du monde, appuyée sur l'économie la plus puissante, précisément la seule capable d'absorber les énormes excédents financiers du Japon. L'ardeur mise par les banques et maisons de courtage japonaises à s'installer à Wall Street est d'ailleurs un hommage indirect à la place new-yorkaise. L'intensité des liens entre banques et entreprises, la masse des capitaux ainsi traités sur la place financière, le nombre et la qualité des courtiers, analystes, agents de change, expliquent le nombre élevé (près de 350 000 emplois) de personnes qui travaillent dans ce secteur... Wall Street reste l'un des fleurons de New York, avec son agitation, ses coups de fièvre, mais surtout la portée mondiale de ses fluctuations...

Source : J. Béthemont et J.-M. Breuil, *Les États-Unis : une géographie régionale*, © Masson, Paris, 1989, p. 79.

Le marché boursier planétaire ne connaît plus de temps mort. La modernisation des transactions financières accompagne une sensible concentration des mouvements, des restructurations économiques dans le secteur de la finance, ainsi que des suppressions d'emplois : quelque 50 000 à Londres en 1989-1990, sur un total de près de 500 000. Rappelons qu'on comptait 20 Bourses indépendantes en 1945 en Grande-Bretagne, 7 en 1960 (Birmingham, Bristol, Glasgow, Liverpool, Londres, Manchester et Newcastle), une seule en 1973 pour tout le Royaume-Uni.

L'ouverture internationale des métropoles financières peut être approchée par le nombre des intermédiaires étrangers présents et par celui des sociétés étrangères cotées sur place. Ainsi peut-on dire que le marché boursier italien est en retard. Milan, qui concentre 93 % des transactions nationales (Rome, Turin, Gênes, Naples et Venise se partageant le reste), pèse un peu plus de la moitié de Paris en termes de capitalisation ou de transactions et cote très peu de sociétés étrangères.

Une offre et une demande potentielles de services

L'avènement de la monnaie électronique, la déréglementation, l'essor des marchés financiers dématérialisés n'ont pas supprimé tout ancrage géographique. Si les capitaux sont apatrides, opérateurs et acteurs travaillent bien sur terre. Les flux de l'argent et de l'information financière qui traversent inlassablement le globe partent et reviennent de quelques points seulement, points d'émission, de réception, de traitement des mouvements internationaux, centres financiers offrant une gamme étendue et variée de services spécialisés.

Une grande place financière se définit comme un lieu de rencontre entre la qualité de l'expertise et la masse des liquidités, comme une concentration géographique extrême associant banques, maisons de titres, courtiers, investisseurs institutionnels, services spécialisés, dans un tissu économique diversifié et ouvert à l'échange. C'est un lieu où il est possible de concevoir et de réaliser des opérations financières complexes : montage de crédits, émission de titres, transaction sur des instruments financiers variés. Le fait exige la présence d'opérateurs de haut niveau appartenant à un grand nombre d'institutions : banques, sociétés de Bourse, investisseurs institutionnels, cabinets juridiques et fiscaux, organismes étrangers, ce que l'on appelle une communauté financière, suscitant des échanges riches d'information avec un environnement non financier qualifié (acteurs politiques, centres de formation et de recherche, agences de presse...).

La City de Londres reste l'endroit qui offre la plus forte densité d'anciens élèves de *public schools*, de diplômés de Harvard et des autres *business schools* américaines, analystes financiers, juristes, avocats, et où l'on peut régler par téléphone en quelques minutes des pro-

Effet de juxtaposition et d'agglomération en faveur d'une concentration des activités financières à New York

Un noyau peu nombreux (de 5 000 à 10 000 personnes) se compose des spécialistes financiers qui prennent les décisions concernant le mouvement du papier commercial, des acceptations et des titres du gouvernement ; ils doivent être liés étroitement aux courtiers, agents de change, à la chambre de compensation, aux banques et à la Réserve fédérale. L'anneau interne, peu nombreux lui aussi (5 000 à 10 000 personnes), est toujours en liaison directe avec le noyau central, mais il joue un rôle secondaire, s'occupant d'emprunter, de prêter ou d'investir (ex. : les départements d'investissement des banques et des compagnies d'assurances), c'est-à-dire de réaliser la politique décidée à l'échelon supérieur. Enfin, l'anneau externe regroupe tout le reste des employés, soit l'immense majorité : il s'agit des agences en contact direct avec le public *(street offices)*, pour les prêts, la vente de titres ou les opérations financières quotidiennes, ou des bureaux chargés de traiter, de mettre à jour les transferts d'argent ou d'actions *(back offices)*, d'en garder la trace...

Tant que le marché boursier reste à Wall Street, il est impossible pour un courtier d'émigrer en Californie, car il perdrait le contact : l'institution new-yorkaise reste donc puissante par la richesse même des services qu'elle offre et il est très difficile de situer le point critique à partir duquel un centre autonome pourrait apparaître aux États-Unis...

Plus le marché financier est vaste, plus il y a de spécialistes compétents dans un domaine très restreint qui ont des chances de développer leur seule spécialité, et ceci est très important à la fois pour le commerce international (connaissance de la législation, des usages commerciaux, des pratiques financières originales de chaque pays) et pour la souscription d'emprunts émis par des municipalités ou des États ; un grand marché financier, s'appuyant sur de nombreuses banques, peut développer toute une série de services communs (chambre de compensation, Bourses) ; on peut faire appel rapidement à d'autres secteurs économiques (avocats, imprimeurs, firmes de relations publiques...). L'élite financière éprouve donc le besoin d'être groupée pour éclairer au mieux le choix de ses décisions ; mais comme elle exerce aussi une fonction de contrôle et de surveillance sur le déroulement des opérations, elle tend à conserver près de ses bureaux de nombreux employés de l'anneau externe, qui pourraient de nos jours être localisés ailleurs.

Source : Jean Heffer, *New York*, coll. « Les grandes villes du monde », Notes et Études documentaires, La Documentation française, 30 mars 1972.

blèmes sophistiqués qui ailleurs prendraient des heures. La localisation des plus grands cabinets juridiques et d'audit qualifie les places financières dominantes. À ce titre, Londres paraît seule capable en Europe de rivaliser avec New York. L'anglais qualifie bien la langue et le droit des affaires mondiales. Les firmes spécialisées qui se sont restructurées en même temps que la révolution financière de la City offrent une taille critique favorable, avec une présence internationale étendue. Ainsi la société Clifford-Chance emploie quelque 1 300 personnes, dont 470 juristes, et possède des bureaux à Paris (30 juristes), Bruxelles, Madrid, Amsterdam, New York, Hong Kong, Singapour, Tokyo, Riyad, Djeddah, Bahreïn, Dubaï.

3. La métropolisation croissante des affaires

On peut observer plusieurs types de places d'affaires. La distinction majeure oppose les centres globaux comme New York, Londres, Tokyo, Paris, Francfort, les centres de second niveau comme Milan ou Amsterdam, les centres spécialisés, c'est-à-dire partiels, comme Chicago, les places off shore, sans ancrage territorial ni arrière-pays régional, qui travaillent avec l'argent des autres et pour des non-résidents, telles Luxembourg ou Genève, les oasis fiscales, qui doivent leur existence à une législation avantageuse et qui jouent pour les services le rôle des zones franches d'entreprises pour l'industrie, telles Panama, Monaco, Bahreïn ou les Bahamas, et de simples boîtes postales, telles les îles anglo-normandes.

Seuls les centres globaux de premier niveau assurent les fonctions des grandes métropoles mondiales, c'est-à-dire de véritables foyers de pouvoir de décision dans le système financier international, offrant une gamme très large de services pour des opérations bancaires classiques, pour l'assurance, la réassurance ou la coassurance, sur le marché des capitaux, capables évidemment de mobiliser rapidement des masses considérables de liquidités. La catégorie n'est pas homogène entre les métropoles-capitales politiques d'État-Nation fort, comme Londres, Tokyo, Paris, et les métropoles économiques, non capitales, relevant de pays fédéraux ou traditionnellement décentralisés, telles New York, Francfort, Amsterdam, entre lesquelles les différences de taille sont aussi considérables. Il y a enfin les Cités-États, centres d'affaires de plus en plus complets et efficaces au sein des NPI (nouveaux pays industriels).

Londres reste un modèle traditionnel, séculaire, accompli, universel. C'est toujours le siège de plusieurs marchés internationaux de matières premières à terme, depuis 1570 (cuivre, étain, plomb, platine, or) et de produits agricoles (cacao, café, thé), c'est toujours le plus

Les bureaux en Allemagne

VILLES	Surfaces louées en 1991 en m^2	Montant du loyer maximal en deutschemark/m^2	Surfaces en construction en m^2	Achèvement 1993/1995 en m^2
FRANCFORT	315 000	95,00	840 500	479 000
HAMBOURG	250 000	50,00	710 500	465 200
BERLIN	200 000	100,00	559 000	2 466 000
MUNICH	260 000	70,00	664 000	706 500
DÜSSELDORF	180 000	59,50	293 500	780 000
COLOGNE	52 000	36,00	167 500	752 000
STUTTGART	80 000	38,00	285 500	221 000
HANOVRE	140 000	30,00	518 500	680 500
DORTMUND	29 000	23,00	101 500	153 000
ESSEN	30 000	22,00	54 500	114 000

Source : Étude Müller International, février 1992.

Localisation des sièges sociaux des premières entreprises allemandes (industries et services) en 1991

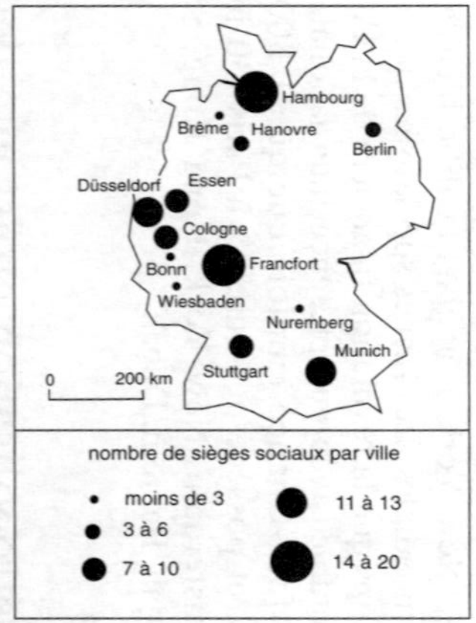

Source : Commerzbank.

grand marché mondial d'affrètement (Baltic Exchange), le plus grand marché international d'assurance (10 % de toutes les primes mondiales encaissées) et de réassurance, le plus grand centre des opérations bancaires internationales, comptant plus de banques (600) et surtout plus de banques étrangères (470) que tout autre centre. La City possède une expérience inégalée dans le monde et une faculté d'innovation surprenante. Ainsi, toutes les formes d'emprunt connues en Europe y ont pris naissance. Le volume des transactions internationales est beaucoup plus élevé à Londres qu'à New York. Les banques anglaises ont profité du carcan réglementaire qui a pesé sur les activités du secteur aux États-Unis et s'avèrent très tournées vers l'extérieur. La moitié des dépôts des banques proviennent de non-résidents. La place reste enfin le numéro un mondial sur l'euromarché (marché des titres libellés en une monnaie qui n'est pas celle de l'entreprise emprunteuse). Londres répond à une sensibilité beaucoup plus internationale que New York, qui offre une orientation surtout intérieure, avec des mouvements en devises relativement réduits et des réactions à des stimuli d'abord nationaux. La City, siège de la BERD (Banque européenne pour la reconstruction et le développement), occupe une place nouvelle au cœur du financement des économies de l'Europe centrale : conseil en privatisation, aide aux investisseurs occidentaux, assistance aux nouveaux gouvernements.

Tokyo apparaît comme un centre financier plus exclusivement national, dont le rôle essentiel est de fournir des capitaux aux agents économiques japonais. On peut parler ici encore, malgré les évolutions récentes, d'un système fonctionnant en vase clos, subordonné aux objectifs économiques du gouvernement et soumis à un cadre réglementaire très administré. On compte moins d'agences et de bureaux de représentation des banques étrangères à Tokyo qu'à Hong Kong, moins du quart du nombre présent à Londres. La place japonaise reste un peu un lieu inhospitalier pour la finance internationale où les étrangers, intermédiaires ou emprunteurs non résidents, sont tenus à l'écart.

Les fonctions économiques de Francfort s'avèrent finalement plus complètes et surtout plus ouvertes, avec des marchés des changes plus actifs qu'à Tokyo, un marché des capitaux attractif pour les investisseurs. Le siège de la Bundesbank a conféré à Francfort la responsabilité de l'émission des emprunts du gouvernement fédéral. On sait aussi que le deutschemark est après le dollar la monnaie que l'on retrouve le plus souvent dans les bilans des banques internationales. Aussi les institutions financières ont-elles rassemblé sur la place leurs services spécialisés. La ville abrite en outre les sièges sociaux des plus grandes banques allemandes qui composent l'élite du système financier international (Deutsche Bank, Dresdner, Commerzbank). La Deutsche Bank, premier actionnaire de l'économie allemande, est le meilleur exemple de symbiose entre la banque et l'industrie qui s'est constituée depuis la fin du XIXe siècle. Les institutions bancaires et financières, qui avaient été

Hambourg : un grand port habitué à vivre du commerce international

C'est la plus grosse masse tertiaire de toutes les villes allemandes. On ne s'étonnera pas que les employés des activités financières, commerciales, de transport, prédominent dans cette masse : 279 000. Tout un monde d'armateurs, de firmes d'import-export, de courtage, de commerce intérieur, d'expéditions, d'entrepôts, s'active à Hambourg, où l'on compte plus de 2 000 entreprises de commerce extérieur (à Brême 500 seulement) : elles ont en charge non seulement l'échange des marchandises, mais toutes les sortes de services qui sont liées à ce genre de commerce. Le rôle de ces entreprises est particulièrement important dans le commerce des matières végétales, notamment d'origine tropicale...

Cette vie commerciale puissante dispose d'organismes techniques : la Bourse (datant de 1558), la plus importante de l'Europe du Nord, la chambre de commerce la plus ancienne d'Allemagne, un réseau bancaire de premier ordre (110 établissements avec prédominance des banques privées) et un ensemble de sociétés d'assurances qui comptent parmi les plus importantes du pays. Les activités maritimes ont entraîné un cosmopolitisme dont a bénéficié l'ensemble des activités de la cité. Environ 60 académies, instituts ou associations s'occupent d'enquêtes ou d'études sur les pays d'outre-mer. Si certains de ces instituts sont anciens, l'université est récente (1919). Elle comprend en réalité 180 instituts de recherche divers, dont beaucoup s'occupent de la mer, de la pêche, du milieu tropical. Hambourg est aussi le premier centre d'édition de la presse allemande : les sept quotidiens tirent à 6 millions d'exemplaires au total (les quatre plus importants édités par Springer) ; les revues et illustrés à 25 millions par an.

Hambourg est donc bien davantage qu'un port : la grande métropole allemande du Nord, ouverte sur le monde d'outre-mer, industriellement, commercialement, intellectuellement.

Source : R. Lebeau, *L'Allemagne fédérale : géographie économique*, © Masson, Paris, 1989.

divisées en autant de morceaux que de länders en 1946, ont été progressivement regroupées, à partir de 1952, et concentrées sur Francfort, Düsseldorf, Hambourg. Francfort est devenue ainsi l'une des places financières majeures de l'Europe, avec 411 institutions financières dont 260 succursales étrangères. Plus de 64 000 personnes travaillent dans le secteur financier. La métropole de la Hesse apparaît comme le premier marché financier du pays en assurant près de la moitié des échanges en valeurs allemandes, contre 30 % à Düsseldorf longtemps rivale ; elle concentre la grande majorité des transactions étrangères.

L'organisation financière et boursière en Allemagne reste encore éclatée cependant, malgré une tendance récente à sa concentration sur Francfort. Cette dernière ville tend en effet à consolider son image de grande place financière internationale, aux dépens de Paris et aux côtés de Londres, une image et une concentration que renforcera encore l'implantation du siège de la future Banque centrale européenne. Mais rien de comparable ici avec la centralisation française ! Hermès, homologue allemand de la COFACE (organisme d'assurance-crédit pour le commerce extérieur), se trouve à Hambourg, la Commission de contrôle des banques à Berlin, la Cour de justice à Karlsruhe, l'Association des banques allemandes *(Bundesverband deutscher Bank)* à Cologne, l'Association allemande des caisses d'épargne est à Bonn, comme l'Association des banques populaires. Hambourg (la plus grande population active tertiaire de l'Allemagne) et Munich (qui possède les sièges des quatrième et cinquième banques du pays et est le premier centre d'Europe continentale en matière d'assurance et de réassurance) ont encore un certain rayonnement bancaire national, alors que Brême, Hanovre et Stuttgart présentent un caractère essentiellement régional ou local. Quant aux sièges sociaux des entreprises industrielles, ils sont restés proches des centres de production, là où les fondateurs avaient développé au départ leurs activités.

La polarisation du système financier et en particulier des marchés des capitaux sur New York, Londres et Tokyo, Paris et Francfort, joue aux dépens des autres centres qui apparaissent d'importance seulement régionale, avec une stratégie de développement limitée aux seuls marchés bancaires. On peut se demander si la fragmentation observée en Europe continentale correspond bien aux besoins des émetteurs et des investisseurs. La technologie et la compétence sont chères et doivent être amorties à grande échelle.

On observe dans beaucoup de pays une évolution vers une concentration des fonctions financières principales sur un seul centre. Ainsi, en Grande-Bretagne, le poids de Londres a écrasé progressivement les rôles de Glasgow et d'Édimbourg qui d'ailleurs se sont affaiblies en se concurrençant ; ainsi, en Espagne, Madrid l'emporte de plus en plus nettement sur Barcelone, que ce soit en matière de Bourse ou d'activités sur d'autres marchés de capitaux. Madrid a été favorisée par le

La centralisation du pouvoir économique sur Madrid

Localisation des sièges sociaux des :

RÉGIONS	200 premières entreprises espagnoles	15 000 premières entreprises espagnoles	Compagnies d'assurances	55 premières banques et caisses d'épargne
Nord-Ouest (Galice, Asturies, Cantabrie)	5	1 013	1	5
Nord (Pays Basque, Navarre, Aragon)	20	2 124	9	8
Nord-Est (Catalogne, Valence, Murcie)	47	5 823	48	13
Sud (Andalousie)	6	1 333	3	3
Centre (Castille, Léon)	3	811		2
Madrid	118	3 490	56	24

Sources : *Actualidad Economica*, 27 nov. 1989, *Dun and Bradstreet International*, 1989, *Kompass*, 1989, d'après E. Froment et M. Karlin, *Fonctions financières, comparaisons européennes*, rapport pour la DATAR, novembre 1990.

Barcelone regroupe quelque 30 % du tissu industriel espagnol, dégageant environ 20 % du PIB. L'inventaire des 15 000 premières entreprises qui répertorie les petites et moyennes sociétés met bien en valeur la densité économique régionale de la Catalogne. Les activités commerciales et maritimes expliquent la bonne place de Barcelone en matière d'assurance. Mais Madrid concentre les sièges des plus grandes entreprises, en particulier dans la banque. Là se trouvent les sièges de tous les grands groupes bancaires du pays.

« Là s'installent 95 % des filiales ou succursales de banques étrangères s'implantant en Espagne. Là encore résident les autorités, qu'il s'agisse du pouvoir politique ou des organismes de tutelle ou de contrôle de la vie économique et financière. Le siège de la Banque d'Espagne est notamment situé à Madrid... » (*op. cit.*, p. 47).

régime franquiste. Les autorités professionnelles se sont installées dans la capitale, à l'ombre du pouvoir politique. Les sièges des banques ont attiré à leur tour les nouvelles activités et les institutions étrangères. Finalement, l'organisation espagnole ou britannique tend à se rapprocher du schéma français.

La concentration s'affirme mondialement aussi. L'ensemble des centres financiers s'articule dans un réseau interconnecté et commandé par trois têtes hiérarchiques : New York, Londres, Tokyo. Tous les autres centres en dépendent. C'est à New York et à Londres que sont gérés les comptes domiciliés dans les Caraïbes. Chicago, qui n'est pas un grand centre bancaire international, mais la capitale mondiale des contrats à terme, passe aussi par New York. Hong Kong et Singapour ont bénéficié des restrictions sur les activités internationales à Tokyo. Les différents centres ont souvent plus d'échanges entre eux qu'avec leur pays d'accueil.

C'est une réalité que l'on retrouve dans le domaine culturel ; la culture mondiale n'est pas régionale mais urbaine, c'est-à-dire intermétropolitaine, et sa création tient à des relations directes de ville à ville, à travers les États.

Essaimage ou centralisation : les capitales européennes de la culture

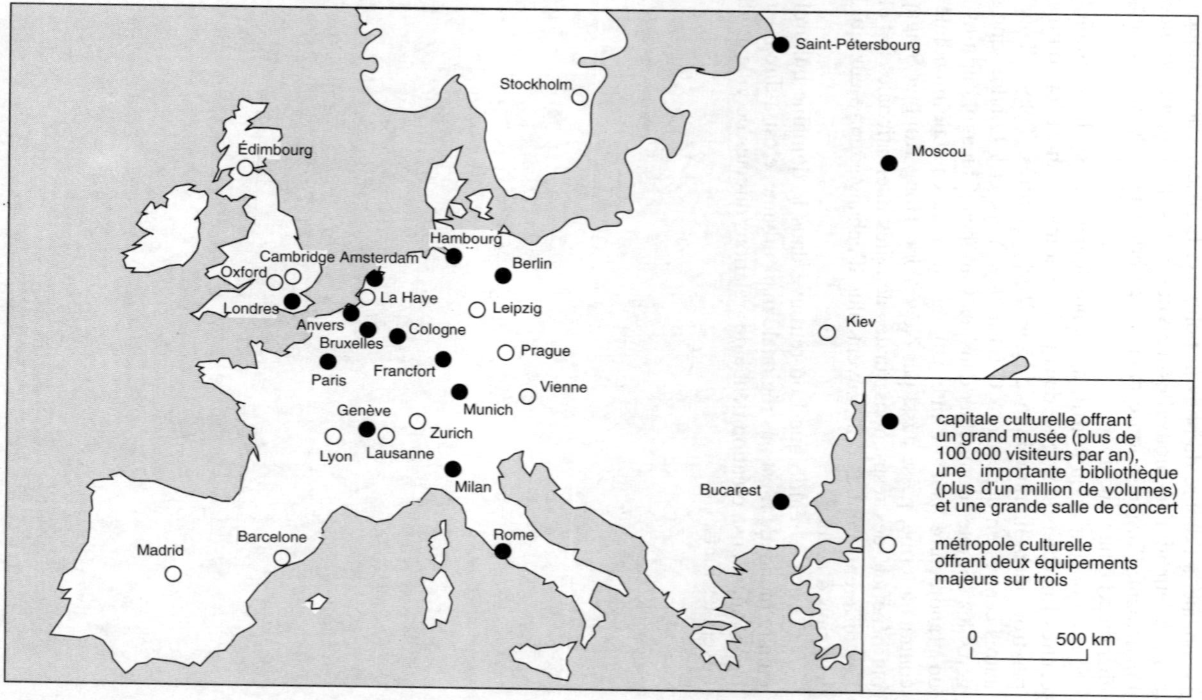

3

Les capitales de la culture mondiale

La culture est, avec la finance, l'activité la plus sensible aux forces centripètes qui favorisent les capitales politiques des États-Nations forts et les métropoles économiques des grandes puissances : Paris, Londres et New York, Los Angeles... Le terme est pris au sens large : les grands spectacles qui font l'actualité de l'année pour un continent, les expositions de caractère unique et universel, les concerts et les représentations des prodiges de l'art, les sorties des stars, les grands musées du monde qui reçoivent les foules cosmopolites, les hauts lieux du tourisme international sont situés sur la planète dans un nombre fort limité de métropoles, villes créatrices véritablement d'événements culturels. L'impresario est rare en province. Et seuls Central Park ou le Champ-de-Mars peuvent accueillir les foules des concerts de Luciano Pavarotti.

La culture électronique de l'information et de la communication n'a pas permis de décentraliser la production culturelle ; au contraire, la production d'images, la localisation des banques de données et le contrôle des grands médias se trouvent localisés dans quelques très grandes villes du monde. Concentration géographique et économique : sous cette forme modernisée, la culture est entrée dans les rapports marchands et est donc devenue un enjeu entre les grandes puissances et entre les firmes multinationales qui s'intéressent au secteur tertiaire. L'organisation de la culture contemporaine, notamment lors des manifestations de masse, est sensible à l'économie d'échelle, à la rentabilité qui appelle la grande dimension.

Thème essentiel : les villes engagées dans la concurrence mondiale pour attirer le développement économique doivent investir massivement dans le secteur culturel, pour retenir ou attirer les cadres et dirigeants de haut niveau qui jouent un rôle déterminant dans les grands choix de localisation. Les investissements culturels ont aussi un effet démonstratif utilisé par les pouvoirs politiques en place. En France, chaque président de la République a renforcé le poids culturel de la capitale.

On distinguera trois types de capitales culturelles. Les premières sont des villes d'histoire qui reflètent l'image d'une civilisation. Ces capitales intellectuelles abritent des monuments chargés de mémoire

Le berceau de trois religions universelles

Jérusalem n'a pas de pyramides, pas d'acropoles ; elle ne s'est jamais particulièrement distinguée dans les sciences, les arts, les techniques, ni même la philosophie. Son seul titre est de s'être identifiée au Livre, né dans ses murs, et au Dieu qu'il annonce : la Bible, livre de IHVH, l'Elohim d'Israël, le créateur du Ciel et de la Terre. Le lien qui unit la ville au Livre des livres est consubstantiel : on ne peut imaginer Jérusalem sans la Bible ni la Bible sans Jérusalem. Ce mariage du Lieu et du Livre commence dès l'époque royale, lorsque David choisit sa capitale et que Salomon y bâtit le Temple.

Source : A. Chouraqui, *Jérusalem, une métropole spirituelle,* Bordas, 1981, p. 104. Réimp. Lattès, 1995.

Nulle part, peut-être, plus qu'ici, il n'est possible de contempler la contemporanéité de l'histoire universelle dans un espace urbain aussi minuscule. Les grottes, où nos ancêtres vivaient voici douze mille ans et plus, intactes, sont à quelques mètres des laboratoires nucléaires de l'université. Sans solution de continuité, il est possible non seulement de voir l'histoire, mais de la voir dans l'un de ses plus vastes panoramas spatiaux et temporels.

Dans les rues de la ville, vous touchez de vos mains des pierres taillées par les Jébuséens ou par les Hébreux. Mais vous rencontrez, chemin faisant, les grands empires de l'Antiquité, l'Égypte, l'Assyrie, la Babylonie, la Perse de Cyrus et de Chosroës, la Grèce d'Alexandre et de ses successeurs, les Ptolémées et les Séleucides, Rome de Pompée et de Jules César à Hadrien, Byzance de ses origines à sa chute, les Arabes des débuts de l'islam à nos jours, les croisés et les Turcs. Vous êtes au berceau tragiquement privilégié de trois religions universelles, le judaïsme, le christianisme et l'islam, qui y naissent, s'affrontent et se mesurent à l'univers, accusant la centralité de Jérusalem tout à la fois hébraïque et païenne, chrétienne de toutes les confessions, islamique de toutes obédiences. La ville attire comme un aimant les conquérants, si bien qu'elle change de souveraineté... quelque quarante fois, voyant déferler contre ses remparts, sous la bannière de David, du Christ ou du Coran, les foules de pèlerins ou de guerriers venus de tous les horizons de la planète...

Source : *op. cit.*, p. 10.

collective. Ce sont les villes des grands théâtres, des opéras les plus prestigieux, des plus célèbres orchestres symphoniques, des bibliothèques, des universités renommées, de l'édition, comme Paris, New York, Moscou ou Londres. Une version particulière est formée par les capitales des religions universelles : Jérusalem, Rome et La Mecque. Enfin, on trouve les centres contemporains de la communication, téléports, centres de production et de traitement des images et des signes, les nouvelles métropoles informationnelles comme Osaka, Los Angeles, Atlanta...

1. Les métropoles spirituelles

Jérusalem est l'une des plus vieilles villes du monde. Elle est à la source de trois religions qui comptent des adeptes dans le monde entier, judaïsme, christianisme et islam.

La capitale de David (vers 1006-968 av. J.-C.) et de Salomon (968-930 av. J.-C.) est située en montagne, au seuil d'un désert aride et de la plus grande dépression terrestre, celle de la mer Morte, à la charnière de l'Asie, de l'Afrique et de la Méditerranée. Métropole rare à la fois sans eau et sans terre : ni mer, ni fleuve, ni lac, et pas de ressources naturelles. Véritable revanche de l'histoire sur la nature, la Ville sainte pour la moitié de l'humanité a suscité les ambitions d'empires asiatiques, africains et européens et est devenue l'un des centres les plus sensibles de l'histoire universelle.

Capitale de l'État d'Israël en 1949, elle est restée la métropole où s'affrontent les nations dans un conflit global dont dépend l'avenir de l'humanité. Elle est surtout le centre spirituel de la diaspora, resurgie de cent deux pays du monde. Après sa réunification en 1967, la ville fit appel à des experts, urbanistes, architectes, mais aussi à des sociologues et à des théologiens, choisis dans une trentaine de pays et appartenant à des religions diverses, pour prévoir et organiser les formes de l'avenir urbain d'une ville capitale nécessairement cosmopolite. Jérusalem comptait 267 000 habitants en 1967 (195 000 juifs, 61 000 musulmans et 11 000 chrétiens) ; on recensait 400 000 habitants en 1980 (288 000 juifs, 100 000 musulmans et 12 000 chrétiens) et on estime à 700 000 la population actuelle.

Rome est la capitale de la chrétienté depuis le VIIIe siècle. Cinq cents soldats, la moitié de la population, veillent aujourd'hui sur le plus petit État du monde, strictement clos de murs, la cité vaticane (44 hectares). Son souverain absolu étend sa juridiction spirituelle à quatre cent millions d'âmes. Tous les pays de la chrétienté entretiennent auprès de lui des ambassadeurs. Une cour somptueuse l'entoure dont l'étiquette est séculaire. La station de radio porte la voix du saint-père dans le monde et les rotatives de l'*Osservatore Romano* impriment les analyses officielles. Bâtie sur les bases d'une antique basilique constantinienne, Saint-Pierre est la plus grande église du monde. Le pape officie face à la foule sous le gigantesque baldaquin dont les colonnes torses ont été coulées par le Bernin.

Chaque année, plus de 11 millions de touristes (dont plus de la moitié d'étrangers) viennent visiter la Rome éternelle, ville d'art incomparable, prodigieusement chargée d'histoire, où voisinent l'arc impérial, l'église de la Renaissance et le palais moderne. C'est de loin la ville la plus visitée d'Italie. Son aéroport est aussi le plus fréquenté, avant celui de Milan (15 millions de passagers par an).

La capitale de l'Italie (160 000 fonctionnaires, 16 % des actifs) joue un rôle international assez modeste. C'est à Rome qu'a été signé cependant le traité qui donna naissance à la Communauté européenne. Rome est aussi le siège de trois organisations internationales dépendant de l'ONU : l'Organisation pour l'alimentation et l'agriculture (FAO), le Conseil mondial de l'alimentation (WFC), le Fonds international pour le développement agricole.

La Mecque, autre grande métropole spirituelle du monde, est la ville du pèlerinage rituel de l'islam, interdite aux non-musulmans. Bâtie en damier comme Djeddah, malgré un site particulièrement âpre, pour permettre les déplacements d'une foule imposante de près de 2 millions de fidèles chaque année, la ville hôtelière compte de grands immeubles organisés en studios pour l'accueil des pèlerins. La ville natale du Prophète attire chaque année les fidèles du monde musulman, Indiens, Érythréens, foules du Caire, d'Amman, de Damas ou de Bagdad, d'Afrique noire de plus en plus, et d'Asie et d'Amérique, pour une célébration rituelle autour de la Kaaba, sanctuaire pré-islamique dont le Prophète détruisit les idoles païennes, rattachant le lieu à la légende d'Abraham.

2. L'image d'une civilisation

Il faudrait citer un très grand nombre de capitales culturelles dans le monde. En Europe, Athènes, Rome, Florence, Amsterdam justifient aisément ce titre par leur passé, leur dimension, leur place dans le patrimoine de l'humanité. Mais s'il faut retenir les métropoles mondiales, sources-mères de la culture contemporaine, des modes actuels de représentation, à l'échelle de la planète, et prendre des exemples qui démontrent des fonctions spécifiques, fondatrices des caractéristiques urbaines observées, deux illustrations complémentaires suffisent : Paris pour l'Ancien Monde et New York pour le Nouveau.

Paris reste depuis plus de trois siècles la capitale culturelle de l'Europe. La richesse du patrimoine historique accumulé et mis en valeur est appréciée chaque année par près de 20 millions de visiteurs, provinciaux et étrangers, plus de 30 millions en 1989, année du bicentenaire de la Révolution française. Aucune grande métropole ne fait mieux. Le tourisme est la première activité parisienne par le chiffre d'affaires.

Parmi les deux cents musées recensés en Île-de-France, dont la moitié à Paris, le plus visité est désormais le Centre Georges-Pompidou à Beaubourg, avec 7 millions d'entrées en 1989. On compte 15 millions d'usagers et visiteurs avec la bibliothèque. Le centre, qui a été fondé en 1977 pour assurer l'accès à la culture contemporaine aux couches les plus larges de la population, se place ainsi devant le Louvre (5 millions d'entrées) et la tour Eiffel (4,7 millions). Orsay a reçu 3 millions de visiteurs, autant que la Cité des Sciences de la Villette.

Paris est la plus grande ville-musée du monde. Ses monuments résument les grandes étapes de l'histoire européenne des techniques et de l'art.

Le 18 novembre 1993 était inauguré le Grand Louvre, deux cents ans jour pour jour après la création du Muséum central des arts.

Depuis la forteresse de Philippe Auguste – dont on peut visiter aujourd'hui les contreforts mis au jour sous la cour Carrée – jusqu'à la pyramide de verre de l'architecte Peï, plus de huit siècles ont marqué l'histoire du Louvre. De construction militaire, le château devint résidence royale à partir de la Renaissance : les rois de France y firent aménager un palais neuf d'inspiration italienne. François 1er en confia les travaux à l'architecte Pierre Lescot et au sculpteur Jean Goujon. Il fut le premier roi de France collectionneur (il acquit notamment des tableaux de Léonard de Vinci, dont *La Joconde*). C'est en 1793 que les hommes de la Révolution décidèrent de faire du Louvre un musée réunissant toutes les collections royales, ce Muséum devenant « un des plus puissants moyens d'illustrer la République » pour que Paris « devienne la capitale des Arts ». Dans ce Muséum vont s'accumuler trésors et butins : Napoléon, qui réside à côté du Louvre, aux Tuileries, s'empare d'œuvres en Europe et en Égypte.

Pendant deux cents ans, le Louvre n'a cessé de s'enrichir, jusqu'à frôler l'asphyxie. Il fallait agrandir. En 1981, F. Mitterrand donnait le coup d'envoi d'un chantier d'une ampleur exceptionnelle. Et, pour son bicentenaire, le musée occupe la totalité du Louvre : 165 salles sur 3 niveaux, pour plus de 12 000 œuvres, et 3 cours couvertes. Près de 1 500 personnes y sont employées. Cette réussite spectaculaire qui a transformé le plus grand musée du monde est l'œuvre de l'architecte sino-américain Peï et des architectes français Macary et Wilmotte.

En 1989, en marge du bicentenaire de la Révolution française, était inauguré l'Opéra-Bastille, en présence d'un parterre de chefs d'État,

La plus grande ville-musée du monde

Paris est plus que la capitale de la France. Elle est un des grands centres d'affaires, de rencontre politique et d'activités culturelles du monde... Les éléments positifs sont, au premier chef, un héritage sans lequel on ne comprendrait pas l'essentiel des fonctions actuelles de capitale. Paris est une ville historique comme, au demeurant, il en existe peu dans le monde, riche à la fois d'une tradition, d'une culture et de tout un patrimoine immobilier et monumental, qui illustre et ponctue les étapes de la formation de cette tradition et de cette culture sur un éventail chronologique de deux millénaires. Les détours de l'histoire en ont fait, à plusieurs reprises, une capitale européenne ou une capitale d'empire. Dans les contradictions des rapports politiques et des antagonismes armés sont nés des systèmes de relations, des communautés d'institutions et de pensée, des parentés culturelles qui ouvrent parfois la voie à des communautés d'intérêts. C'est un jeu facile et pourtant significatif que d'énumérer ce que Paris peut représenter ou évoquer pour tant d'étrangers suivant leur culture, leur âge, leur activité professionnelle. C'est dire en même temps tout ce que viennent y chercher les visiteurs qui, au nombre de plusieurs millions chaque année, y séjournent quelques jours ou quelques semaines.

Source : P. George, *La France*, collection « Magellan », PUF, 1967, p. 223.

La pyramide du Louvre, œuvre de l'architecte Peï, sert aussi à canaliser un flot quotidien de près de 60 000 visiteurs dans le plus grand musée du monde. La transparence moderniste de la construction contraste avec l'architecture monumentale des pavillons de la cour Napoléon achevée en 1852.

avec un spectacle illustré par onze chanteurs d'opéra de renommée internationale. Le plus grand opéra du monde, deux fois grand comme le Met (Metropolitan Opera de New York), est une œuvre controversée de Carlos Ott, qui a coûté près de 3 milliards de francs. Il offre 2 700 places, toutes en visibilité frontale. Autre grand chantier présidentiel, la Grande Bibliothèque de France (BDF), œuvre de l'architecte Dominique Perrault, qui doit être inaugurée en 1995. Le fonds de la BDF sera constitué par les collections de la Bibliothèque nationale (10,5 millions de volumes). La construction comprend quatre tours où les livres seront dispersés sur 56 niveaux ; elle occupe un site de sept hectares sur les bords de la Seine, à proximité de la gare d'Austerlitz. Elle représente un coût de près de 7 milliards de francs.

Cette concentration des investissements culturels nationaux dans la seule capitale a été parfois critiquée. Elle accentue la centralisation de la vie culturelle en France. D'autre part, les coûts de construction de telles structures dépassent toujours les prévisions, et les frais de fonctionnement s'avèrent colossaux, à la mesure des bureaucraties engendrées. Ces monuments de la culture peuvent être aussi cités à l'étranger comme une illustration du décalage entre nos capacités d'investissements et la réalité des besoins de la création artistique ou littéraire. Paris n'a-t-elle pas perdu depuis 1950-1960 et surtout par rapport aux années 1920-1930 sa place de capitale de l'art, en littérature, en philosophie, en peinture, en sculpture, au profit de New York et de Londres ? Sur le marché de l'art par exemple, la salle Drouot de Paris est dépassée par Sotheby's et Christie's de Londres.

New York est l'image d'une civilisation plus actuelle. Civilisation cosmopolite d'abord, reflet de l'histoire du peuplement du continent : la ville compte plus d'Irlandais que Dublin ; elle est la première ville juive du monde, la première ville italienne. Aux courants européens traditionnels se sont juxtaposés les immigrés récents, « latinos » d'Amérique latine, asiatiques et arabes ou libanais.

Capitale artistique des États-Unis, New York est restée à la fois un lieu d'avant-garde et de consécration des succès mondiaux. C'est à Broadway que les comédies musicales et les œuvres théâtrales triomphent ou bien échouent. À Greenwich Village (off-Broadway) et dans d'autres quartiers (off-off-Broadway), dans les bâtiments les plus divers, sont lancées les formes les plus expérimentales ou contestataires du théâtre contemporain. Dans le domaine musical, le Metropolitan Opera possède la seule véritable troupe permanente des États-Unis. Carnegie Hall, l'Académie de musique de Brooklyn comptent aussi parmi les hauts lieux de l'art.

Pour les arts plastiques, à côté du Metropolitan Museum of Art, le plus grand musée d'art des États-Unis, qui donne un panorama complet de l'histoire de l'humanité, à côté du Modern Museum of Art (le Moma) qui expose tout l'art moderne depuis 1880 – impressionnisme

Concentration métropolitaine des investissements culturels : l'exemple des grandes bibliothèques

	T.G.B. FRANCE	St Pancrace New British Library	T.G.B. Francfort	Chicago	T.G.B. Osaka	Alexandrie
Nombre de volumes (millions)	13	16	11	n.c.	9,4	8
Surface (m^2)	180 000	120 000	n.c.	67 000	165 000	60 000
Km de rayons	400	280	250	131	n.c.	n.c.
Date d'ouverture	1995	1993	1994	1991	1996	1995
Coût	7,2 milliards de francs	4,5 milliards de francs	230 milliards de deutschemark	150 milliards de dollars	n.c.	152 milliards de dollars
Architectes	Perrault	Colin St John Wilson	Kaiser & Kaiser	Epstein Babka	n.c.	Snohetta Arkitektur Landskap et associés

Commentaire

Les grandes bibliothèques prolifèrent. Après la Grande-Bretagne, l'Allemagne, l'Égypte et la France, le Japon prévoit à son tour la construction d'une nouvelle grande bibliothèque, la Kansaï Kan. Elle sera située dans une sorte de Silicon Valley, la Kansaï Science City, proche d'Osaka, à trois heures de Tokyo.
La Kansaï Kan sera reliée à la bibliothèque nationale japonaise, à la bibliothèque de la Diète et aux différentes bibliothèques universitaires. Cette TGB, encore à l'étude, doit ouvrir en 1996. Le nombre de volumes ne sera pas très élevé, car les ouvrages seront consultables dans leur grande majorité sur un écran.
À travers ces projets de nouvelles très grandes bibliothèques, on remarque que le gigantisme n'est plus de mise. Les grandes bibliothèques aujourd'hui sont divisées en plusieurs unités. Elles n'ont pas besoin d'être regroupées sur un même site. L'informatique sert à les rapprocher. L'essentiel est d'être relié à la plus grande banque de données du monde créée aux États-Unis, l'OCLC, qui regroupe des millions de notices bibliographiques et mentionne la situation des volumes.
À Francfort, par exemple, la grande bibliothèque a vu sa construction retardée. Le projet est réétudié depuis l'unification. Un accord a été passé avec la bibliothèque de Leipzig afin d'unir les deux collections sans toutefois les déménager. Un fichier commun va être créé. Au pays des länders, il n'est pas question de centraliser la vie culturelle à Francfort plutôt qu'à Munich, Berlin ou Hambourg.
Aux États-Unis, les grandes bibliothèques, très prestigieuses pour les villes ou les universités, sont de plus en plus nombreuses.
Los Angeles agrandit sa bibliothèque. Chicago, une des villes américaines les plus prospères, se dote d'une nouvelle bibliothèque municipale. Mais là encore on privilégie la liaison entre les différentes unités, notamment la connection avec l'université du Michigan. L'important est moins le nombre de volumes disposés sur les rayons que l'accès aux réseaux.

Source : F.-R. Navarre, *Le Figaro*, 20 décembre 1990.

Les coûts de construction et le budget de fonctionnement de quelques théâtres lyriques en Europe : les surcoûts de la centralisation parisienne

Coûts de construction	
Opéra Bastille – Paris	3 200 MF
Corum – Montpellier	880 MF
Acropolis – Nice	700 MF
Palais des Congrès – Nantes	680 MF
Palais de la Musique – Athènes	650 MF
Opéra Nouvel à Lyon	478 MF
Budget de fonctionnement (1992)	
Opéra de Paris	750 MF
Opéra de Bordeaux	150 MF
Opéra de Toulouse	136 MF
Opéra de Lyon	134 MF
Staats Oper – Vienne	463 MF
La Scala – Milan	330 MF
Théâtre National – Munich	320 MF
Staats Oper – Hambourg	307 MF
Covent Garden – Londres	305 MF
La Fenice – Venise	280 MF
La Monnaie – Bruxelles	190 MF
Grand Théâtre – Genève	150 MF

Source : Municipalité de Lyon.

Les *networks* américains désertent Paris

Après ABC et CBS, qui ont réduit leurs effectifs dans la capitale, NBC fermera son bureau parisien le 31 décembre 1989.

Dans cette redistribution de sa présence journalistique en Europe, c'est le bureau de Londres de NBC qui sort renforcé. Mais le phénomène n'est pas isolé. ABC, CBS, NBC ou CNN, tous les networks semblent d'accord : Londres est désormais « the big place in Europe ». Paris aurait-il perdu de son importance dans l'actualité internationale ? Si ce n'est une des causes de ces désertions, ce pourrait bien en être une des conséquences.

La direction de NBC justifie cependant son départ par la nécessité d'améliorer la couverture de l'actualité dans les pays de l'Est. Les économies réalisées grâce à la fermeture du bureau parisien permettraient d'y pourvoir...

Source : V. Sarre, *Le Figaro*, 17 août 1989.

et post-impressionnisme, cubisme, expressionnisme allemand, futurisme russe et italien, constructivisme et suprématisme russes, Duchamp et les contemporains américains –, il faut citer de très nombreuses collections privées ou fondations qui sont très riches aux États-Unis. Il existe ainsi une multitude de musées spécialisés tel le Whitney Museum of American Art qui, dans une maison construite par Marcel Breuer, constitue un des centres de l'avant-garde artistique et intellectuelle américaine, la plus grande collection du genre, ou tel le Solomon R. Guggenheim Museum, dont Pollock fut un temps le gardien et qui possède la plus importante collection Kandinsky qui soit au monde. C'est par New York et ses mécènes que l'art moderne européen est entré sur le nouveau continent.

Il a fallu cependant attendre le début des années soixante pour que New York entre sur le marché mondial de l'art et devienne une métropole indépendante, c'est-à-dire un lieu d'invention spécifiquement américain, avec Calder dans le domaine de la sculpture et Pollock ou De Kooning en peinture. New York va être alors à l'origine de l'expressionnisme abstrait, du pop art, du post-modernisme, et va promouvoir l'art contemporain en mode de vie ou de consommation. La ville a créé une véritable économie fondée sur l'art et suscité une folie spéculative.

New York répond à toutes les définitions de la métropole culturelle : par la présence des principaux dignitaires de toutes les communautés et sectes religieuses actives aux États-Unis, elle peut apparaître à sa façon comme une métropole spirituelle du monde contemporain ; elle est la véritable capitale de la civilisation américaine ; elle est aussi un centre d'activités innovatrices dans le domaine des nouveaux médias et fait donc partie également du réseau des nouvelles métropoles informationnelles.

3. Les nouvelles métropoles informationnelles

Capitale mondiale des médias, New York est créatrice d'événements dans le domaine de la communication. On recense 13 émetteurs de télévision, 39 de radio. La ville a fixé le siège de deux des cinq principales agences de presse du monde : Associated Press, une coopérative fondée dès 1848, qui compte en 1992 près de 2 600 journalistes, 700 à New York, 1 900 aux États-Unis et qui distribue son service dans 110 pays – elle a des bureaux dans 66 pays ; United Press International, société privée créée en 1907 (1 800 journalistes), qui anime en 1992 81 bureaux aux États-Unis, 96 établissements dans 62 pays étrangers et qui travaille pour 114 pays.

Les grandes compagnies de télévision nationales et généralistes ABC (American Broadcasting Company), CBS (Cable News Network), NBC (National Broadcasting Company) et Metromedia y ont des stu-

Poids et rôle central des espaces métropolitains dans l'organisation spatiale des industries de haute technologie dans l'Union européenne

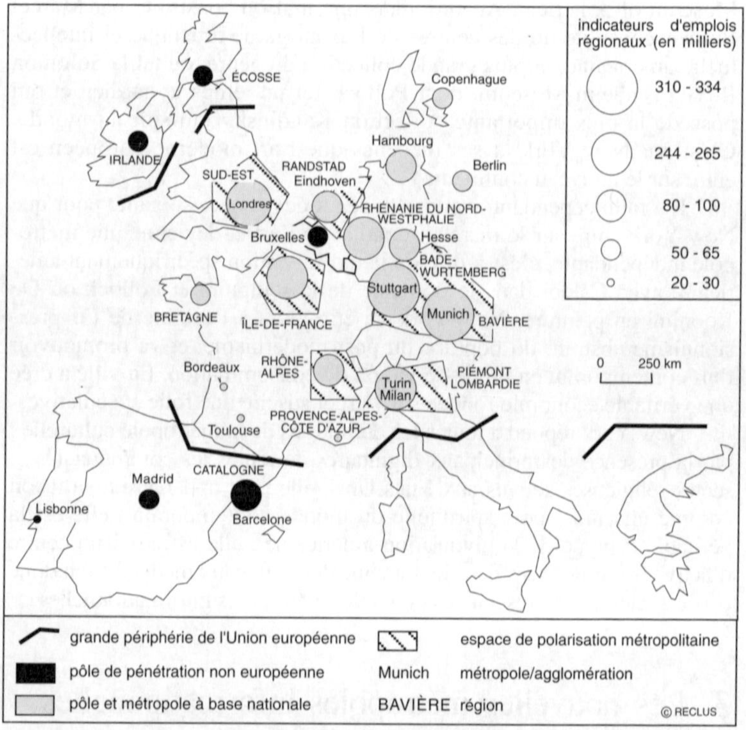

La place des espaces métropolitains se mesure d'abord par leur poids dans la polarisation des emplois de haute technologie. Deux pays se détachent avec le poids écrasant d'un seul pôle : le Royaume-Uni, avec Londres, et le Danemark, avec Copenhague. Viennent ensuite des structures bi- ou tricéphales : en Italie (Milan et Turin), en France (l'Île-de-France et Rhône-Alpes), enfin les Pays-Bas (le Randstad et Eindhoven). La seule résistance notable provient du réseau urbain de l'Allemagne où les structures sont plus équilibrées entre Munich, Stuttgart, Nuremberg, Düsseldorf et Berlin. À cette concentration des volumes répond une polarisation qualitative, elle aussi exceptionnelle, des fonctions de commandement et de recherche, et des emplois les plus qualifiés d'ingénieurs et de techniciens... À partir des grandes métropoles centrales, les polarisations intranationales se développent selon deux directions : une organisation diffuse et de moindre densité relative, définissant un vaste bassin périphérique : Bassin parisien, Rhône-Alpes, Sud-Est anglais ou Italie du Nord ; des pôles plus denses à partir de transferts de la métropole centrale vers la périphérie, comme à Toulouse, Bordeaux ou Montpellier pour la France.

Source : L. Carroué, in *La Lettre d'Odile*, n° 2, avril 1990.

dios d'enregistrement. Ces sociétés commandent à partir de Los Angeles ou de New York des réseaux planétaires de bureaux de production d'images d'actualités *(networks)* qui couvrent les grands événements à partir des villes internationales. La localisation de ce réseau révèle depuis six ou sept ans une redistribution de la présence journalistique (américaine) dans le monde, au profit de l'Asie de l'Est et du Sud-Est, de l'Europe centrale (Budapest, Moscou), et en Europe à l'avantage de Londres, aux dépens de Paris.

La production d'images télévisées, actualités ou films, tend à être monopolisée par les Américains, à New York, à Los Angeles, à Chicago et à Atlanta. En France, Bouygues (TF1) et Havas (Canal +) tentent de résister à cette domination exclusive.

En Europe, Genève joue un rôle important de banque d'images d'actualités sur le plan mondial. Ainsi est-elle le siège de l'Union européenne de radiodiffusion (UER), un organisme international qui regroupe 93 diffuseurs adhérents, répartis dans 64 pays, et qui gère notamment les Échanges Eurovision d'actualités (EVN), un réseau alimenté par les grands *networks* américains, la BBC, l'agence Reuter et une agence australienne.

L'Europe regroupe deux agences de presse importantes, Reuter à Londres et l'Agence France-Presse (AFP) à Paris. La première s'était rendue célèbre dès 1850 en organisant la transmission par pigeon voyageur des cours de Bourse entre Paris et Berlin, *via* Aix-la-Chapelle, puis en utilisant le télégraphe, et enfin la transmission par câble. Son réseau actuel compte en 1992 une centaine de bureaux dans 69 pays, animés par plus de 2 500 personnes, dont 560 journalistes. L'Agence France-Presse a pris en 1944 la suite de Havas Information, qui avait disparu en 1940. Son siège parisien emploie, en 1992, 465 personnes, dont 82 journalistes étrangers ; ses 13 bureaux de province représentent 80 salariés ; les établissements à l'étranger 440 personnes dans 163 pays.

La géographie des services de presse, de télévision, de communication, d'édition, de l'information spécialisée, la géographie des médias, connaît une internationalisation et une concentration de son organisation qui profitent à un très petit nombre de grandes métropoles économiques mondiales. Celles-ci fixent les sièges sociaux et les états-majors centraux des multinationales de l'information et contrôlent en fait le marché mondial de la communication. Elles appuient leur fonction sur un réseau de villes internationales-relais *(networks)* qui ont su suivre l'essor de la société et de l'économie informationnelles en concentrant des investissements majeurs : nouvelles installations aéroportuaires fonctionnant 24 heures sur 24, bien reliées par trains rapides et autoroutes, téléports (ports du ciel) dont les équipements en télécommunications par satellites sont reliés à des réseaux câblés, pour permettre la réception et la transmission d'informations spécialisées en permanence du monde entier. L'évolution technologique contemporaine accompagne la mutation des centres d'activités tertiaires des États-Unis (Atlanta, Dallas-Fort Worth, Seattle-Tacoma par exemple), du Japon (Osaka), d'Europe (Berlin). Une structure d'accueil de troisième niveau pour ces activités internationales de services marchands de la culture et de la communication est formée par les principaux espaces technopolitains qui participent aussi à l'ambiance des grandes métropoles mondiales (Silicon Valley près de San Francisco, Route 128 dans la banlieue de Boston, Research Triangle Park en Caroline du Nord, Austin au Texas, Cambridge Science Park et M4 Corridor en Grande-Bretagne – autoroute M4 entre Londres et Bristol –, Sophia-Antipolis près de Nice en France, cité scientifique de Tsukuba à 100 km au nord de Tokyo et Osaka au Japon).

CONCLUSION

Les réseaux urbains s'organisent en trois étages : les métropoles mondiales, les capitales nationales, les métropoles régionales. Le premier niveau est celui des multinationales dont le marché des produits ou des services, véritable moteur des entreprises, est mondial, dont les capitaux sont apatrides, et enfin dont les états-majors qui les dirigent peuvent provenir indifféremment de tous les pays, en passant par quelques Grandes Écoles ou formations universelles. Le second niveau, celui des capitales politiques, correspond aux États, à leurs organisations administratives, à la plupart des institutions professionnelles et syndicales encore maillées sur les espaces nationaux. L'espace quotidien des entreprises ordinaires et des populations correspond aux métropoles régionales et répond aussi à l'analyse géographique des territoires.

Les grandes métropoles mondiales se concentrent dans les pays riches, qui commandent et structurent l'organisation de l'économie-monde. Ce sont des capitales économiques, qui regroupent des fonctions commerciales et financières, lieux de convergence des voies de communication et de télécommunication ; ce sont des capitales intellectuelles et scientifiques.

Les traditions politiques des pays déterminent les hiérarchies urbaines observées. Dans les pays fédéraux, comme la Suisse, l'Allemagne, l'émergence d'un niveau supérieur international de l'armature urbaine paraît plus difficile qu'en Grande-Bretagne, en France ou en Espagne, États centralisés dont les capitales sortent renforcées par l'histoire.

Mais le classement des grandes métropoles mondiales change rapidement avec le temps. Les hiérarchies urbaines observées par les historiens ont varié et nous sommes à une époque de bouleversements en la matière, avec les mutations de la géopolitique contemporaine, les incertitudes multiples de la science politique, la rapidité des mutations techniques.

Amsterdam, une des plus grandes villes dans l'Europe du XVIIe siècle

Les paysages graves et lumineux de « la Venise du Nord », dont les confortables maisons ont été construites sur pilotis dans un sol spongieux, symbolisent la richesse cachée d'une oligarchie bourgeoise encline à une thésaurisation immobilière et mobilière. Le rôle du grand port du Zuidersee s'avère considérable dès les premières années du XVIIe siècle. Rôle économique d'abord : la ville servait d'entrepôt et de transit entre la navigation maritime et la circulation continentale vers le Rhin ; la Banque d'Amsterdam était à l'époque la première banque de dépôts d'Europe. C'est à partir d'Amsterdam que furent fondées les deux grandes Compagnies des Indes orientales et occidentales, en 1602 et en 1621 ; la Bourse d'Amsterdam cotait les matières premières du Nord de la Baltique, de l'Amérique et de l'Extrême-Orient. Rôle culturel aussi, à l'époque de Rembrandt et de Spinoza : la ville libre était le refuge de juifs venus du Portugal, plus tard des protestants de France ; elle accueillait à l'abri de la censure et de l'inquisition les grands intellectuels et philosophes de l'Europe du Grand Siècle.

DEUXIÈME PARTIE

Des villes objets et sujets de l'histoire

4. Les métropoles de l'Antiquité et du Moyen Âge 67

5. Les métropoles du monde moderne 75

6. À l'origine des révolutions technologiques contemporaines.......... 85

Conclusion 99

INTRODUCTION

On assiste depuis 1945 à une métropolisation (c'est-à-dire à une concentration des pouvoirs dans les métropoles) de l'économie et de la société dans les pays d'organisation avancée. Cependant, les historiens ont montré le rôle moteur de la ville, et notamment celui de la grande ville, dans le passé le plus ancien. Ainsi, Pierre Grimal observe que la civilisation antique repose sur une société urbaine. Religion d'abord urbaine, le christianisme a entretenu en Occident la continuité urbaine, indique Jacques Le Goff. Faut-il rappeler après Xavier de Planhol que l'Islam a besoin dès l'origine de la cité pour réaliser son idéal à la fois social, politique et religieux ? Fernand Braudel (1986) nous montre qu'une économie-monde possède toujours un pôle urbain, « une ville au centre de la logistique de ses affaires : les informations, les marchandises, les capitaux, les crédits, les hommes, les ordres, les lettres marchandes y affluent et en repartent ». Et nous suivons cette domination à travers les exemples qu'il apporte : villes marchandes et Cités-États de la fin du Moyen Âge, capitales politiques des grands marchés nationaux aux XVIIe et XVIIIe siècles (Londres et Paris), métropoles industrielles à partir du XIXe siècle.

Importe ici la ville dominante, quelle que soit sa taille, celle qui commande les routes et les échanges, lieu d'organisation sociale et spatiale du travail, lieu du pouvoir économique, des pouvoirs politiques, religieux et culturels. Ainsi définies par leur positionnement à la tête de l'armature urbaine correspondante, les grandes métropoles mondiales sont à la source de l'histoire qu'elles composent largement d'une certaine façon.

4

Les métropoles de l'Antiquité et du Moyen Âge

La dimension des villes et le taux d'urbanisation des pays ont été en fait longtemps limités par les problèmes d'approvisionnement en subsistances et énergie et donc par les conditions de transports, les régions fertiles et chaudes, situées à l'aval des bassins fluviaux, ouvertes à l'irrigation et à la navigation, étant les premières favorisées. Les ports fluviaux et maritimes se trouvaient privilégiés. Babylone (1800 av. J.-C.) est la première ville géante de l'Antiquité (peut-être 200 000 ou 300 000 habitants). Il faudra attendre le XVIIe siècle pour que Paris atteigne une telle taille. Avant le XVIIe siècle, seules Rome, Alexandrie, Byzance, peut-être Bagdad au moment de son apogée, les villes de l'Espagne musulmane et Antioche, atteindront cette taille.

L'histoire a modifié les rôles et les rangs des grandes métropoles mondiales. Les centres de gravité des civilisations dominantes se déplacent entre l'Orient et l'Occident, entre le monde méditerranéen et la façade atlantique ou les bords du Rhin.

1. Des métropoles politiques et administratives

C'est l'Orient qui a dicté les premières pages de l'histoire urbaine du monde (Ur, 2150-2016 av. J.-C.). Le primat du pouvoir économique était affirmé dès le IIIe millénaire avant l'ère chrétienne par les premières villes commerciales des Phéniciens, huit ou dix villes côtières du Liban et d'Israël d'aujourd'hui d'où émergeaient Byblos surtout (Jebeil au Liban aujourd'hui), Sidon et Tyr. Ces villes, dont le développement était lié aux échanges extérieurs et qui étaient gouvernées par les marchands, commerçaient avec la Mésopotamie et l'Égypte et essaimaient autour de la Méditerranée un chapelet de colonies urbaines, pour les approvisionner régulièrement en matières premières.

Les grandes villes de l'Antiquité romaine

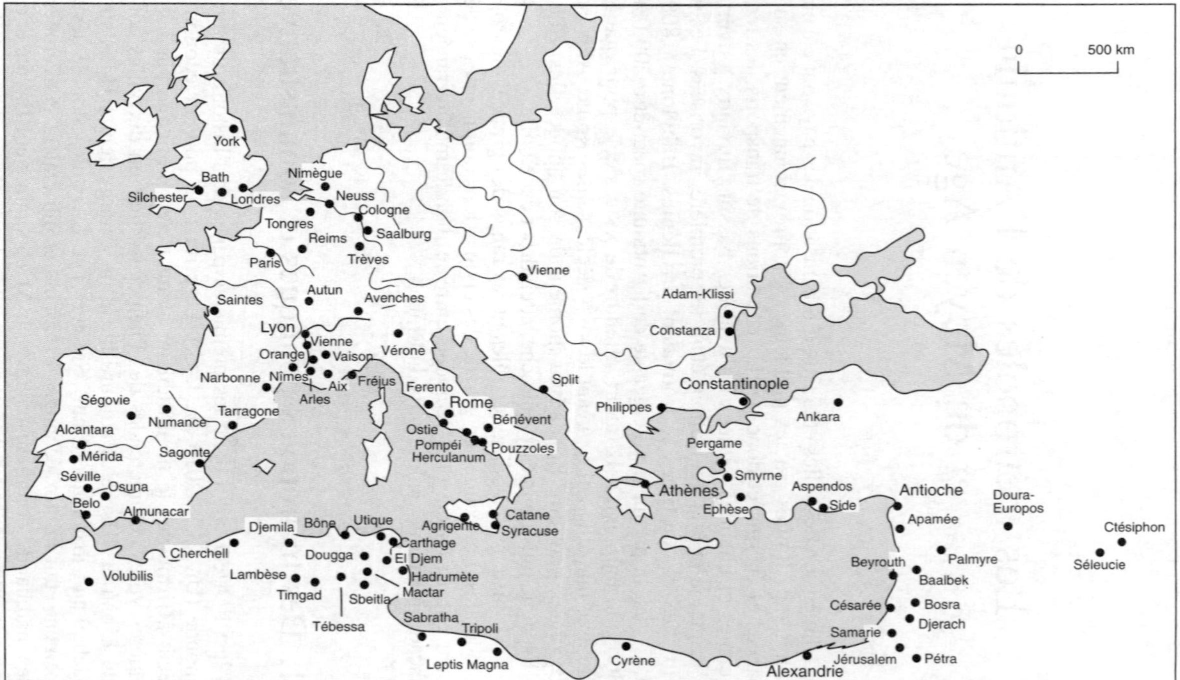

Athènes a donné une définition politique à la cité qui, transmise à Rome, remodelée par elle et enrichie à son usage, a été léguée à l'Europe tout entière qui en tira, pour une large part, la conception moderne de l'État. Le terme *polis* désigne tantôt l'agglomération urbaine, tantôt l'unité politique qui constitue un État, tantôt l'ensemble des citoyens ; trois sens traduits par les mots latins *urbs*, *civitas* et *cives*.

La ville *(urbs)* s'identifie à l'État. Pierre Grimal (1965) nous dit qu'au temps des guerres Puniques tous les Romains qui jouaient un rôle quelconque dans la vie politique et l'administration de l'État résidaient à Rome. Dans la pensée des Romains, la réalité fondamentale de la vie politique est la cité. La densité des villes reflète les progrès de la romanisation.

Dans le monde romain, les métropoles étaient des centres politiques et administratifs, militaires, et secondairement économiques. La métropole des Gaules, Lyon, avait fixé l'autel fédéral du culte impérial auprès duquel toutes les cités gauloises envoyaient des députés. L'Empire était une fédération de cités. Quelques-unes en Orient présentaient un rayonnement plus large. Parmi elles, Alexandrie tenait une place exceptionnelle. Fondée par Alexandre en 332 avant Jésus-Christ, la ville, occupée par César en – 47 et annexée par Auguste en – 30, avait connu un extraordinaire essor commercial et culturel. Sous la dynastie des Ptolémées, ses écoles littéraires et philosophiques étaient devenues les plus célèbres du monde hellénistique. Sa prospérité se développa après la ruine de Tyr et de Carthage et ne cessa de grandir sous l'impulsion des Romains qui en firent la deuxième ville de l'Empire, un carrefour métropolitain entre les influences orientales et méditerranéennes, hébraïques, grecques et romaines. La troisième ville de l'Empire, autre grande capitale du monde hellénistique, Antioche, résidence du gouverneur en Syrie, était aussi une plaque tournante pour le commerce avec l'Orient et un carrefour des civilisations.

2. Des métropoles religieuses

À la fin du IVe siècle, la grande ville du monde romain devient Constantinople, la Nouvelle Rome, fondée en 330 par Constantin. Le niveau supérieur de l'armature métropolitaine se calque alors sur l'organisation de l'Église. Le centre de gravité retourne à l'Orient qui compte deux autres capitales religieuses où siègent les patriarches de l'Église, Antioche et Alexandrie. Le christianisme apparaît comme une religion d'abord urbaine et les villes épiscopales déterminent le niveau supérieur de l'armature urbaine.

Autre religion urbaine, l'islam est créateur de capitales. Bagdad, Le Caire, Alep, Damas, Cordoue représentent les grandes métropoles de l'Islam classique (VIIIe-XIIe siècles). Capitale de la dynastie abbasside

Les plus grandes villes de l'Antiquité

La première ville du monde à avoir eu 100 000 habitants fut – au XIVe siècle avant l'ère chrétienne – Thèbes, en Égypte, dont subsistent aujourd'hui les sites de Louxor et de Karnak. Elle a ensuite été surpassée par les cités de Mésopotamie, l'Irak actuel : Ninive, puis Babylone. Vers le Ve siècle av. J.-C., une douzaine de villes réparties en Perse, Grèce, Inde, Chine et Égypte devaient dépasser 100 000 habitants et une ville de la vallée du Gange, Pataliputra (aujourd'hui Patna), fut peut-être la plus grande ville du monde au IIIe siècle av. J.-C., avec Alexandrie en Égypte et Séleucie sur le Tigre, avant que Rome n'accède à ce rang. La Rome antique comptait plusieurs centaines de milliers d'habitants au temps de César, approcha du million sous Hadrien, puis fut supplantée par Constantinople. Les capitales de l'Empire chinois, Lo-yang, Xi'an, K'ai-feng, Hang-Chou, rivalisèrent en population avec Rome et Constantinople ; dans la sphère de l'Islam, Bagdad au IXe siècle, Cordoue au Xe, le Caire au XIVe devinrent probablement les villes les plus peuplées de l'époque...

Source : M.-L. Lévy, « Le vertige urbain », *Population et sociétés*, INED, novembre 1980.

Antioche était encore au XIe siècle une cité mythique, célébrée dans tout l'Orient

Troisième ville de l'Empire romain au début de notre ère, pillée par les Perses, conquise par les Arabes en 638, reprise par les Byzantins en 969 et reconquise par les Turcs seldjoukides en 1084, c'est une cité dont la légende se perd dans l'obscurité des temps hittites et mésopotamiens. Pour les chrétiens, c'est un lieu de pèlerinage original puisqu'ici, dans une cavité creusée au pied de la citadelle, fut consacrée la première église de toute la chrétienté : la monolithe Saint-Pierre que les Seldjoukides, à l'approche des croisés, avaient transformée en écurie. Ici, d'ailleurs, pour la première fois dans l'Histoire, les Nazaréens et les Galiléens décidèrent de se désigner d'un nom générique : « chrétiens ».

La ville – Antioche la belle, disait-on – avait été immense et riche : plus de 200 000 habitants avant le fath (la conquête musulmane), avec un étagement d'églises, de souks en arcades et de luxueuses villas. Elle a connu un spectaculaire déclin au XIe siècle (40 000 habitants en 1097).

Source : J.-Cl. Guillebaud, « Sur la route des croisades », *Le Monde*, 3 août 1993.

(752), fondée par le calife al-Mansour, Bagdad est située sur l'axe qui relie le golfe Persique à la Haute-Mésopotamie, au débouché de la route de l'Iran. Métropole active et ville royale où vivaient non seulement le calife et les membres de sa famille, mais nombre de dignitaires et de militaires, elle donna un essor extraordinaire aux relations commerciales avec l'Extrême-Orient. Elle est au centre de tous les échanges jusqu'au XIIe siècle, quand Le Caire la supplanta. Capitale du califat omeyyade d'Occident, Cordoue a connu une période de croissance forte, comme en témoignent les extensions successives de la Grande Mosquée.

Primat apparent de la religion en fait, car les métropoles suivent les grands axes du commerce médiéval. En Occident aussi, la continuité urbaine entretenue par l'Église n'est que fictive, car les historiens (Henri Pirenne, Jacques Le Goff) ont bien noté une évolution dans les forces motrices de l'urbanisation : la ville médiévale naît et se développe à partir de sa fonction économique. Elle est le fait des marchands. La localisation de la dynamique urbaine suit donc l'évolution de la géographie économique en se déplaçant depuis le monde méditerranéen – où les traditions gréco-romaines, byzantines et musulmanes ont laissé des bases encore solides – vers la façade atlantique et septentrionale de l'Europe où aboutissaient les nouvelles grandes routes commerciales (Italie du Nord, Allemagne, Flandre, Bassin parisien, bassin de Londres). L'Europe des cathédrales exprime au XIIIe siècle la renaissance des villes au nord des Alpes. Celles-ci captent les populations, les richesses, la culture et les arts.

3. Des villes du grand commerce

Bruges connaît une fortune éclatante dès 1200. Les marchands étrangers de la Hanse ou de la Méditerranée la fréquentent, ses industries textiles s'activent. La ville se peuple : 35 000 habitants à l'époque de Jan Van Eyck (début du XVe siècle), peut-être 100 000 à l'époque de Memling (fin du XVe siècle). L'axe central des trafics passe entre Londres, Bruges, Bergen et Novgorod, grands comptoirs de la Hanse, principale organisation économique européenne, par toutes les villes hanséates, notamment Hambourg et Lubeck, voie de passage obligée entre mer du Nord et Baltique.

À cette époque, le versant méditerranéen est dominé par Venise, qui contrôle la route du Brenner, l'Adriatique, les itinéraires maritimes ou terrestres vers l'Orient. La ville et son empire (1 500 000 habitants, dont 150 000 pour la ville) représente le premier de tous les budgets de l'Europe, le même en masse que celui de la France qui compte 15 millions de personnes. La prise de Constantinople par les Turcs (1453), les Grandes

Les villes et l'organisation urbaine au XIIIe siècle

Source : d'après J. Le Goff, *La Civilisation de l'Occident médiéval,* Arthaud, 1965 ; D. et J. Sourdel, *La Civilisation de l'Islam classique,* Arthaud, 1968, *Atlas historique, Histoire de l'humanité de la préhistoire à nos jours,* sous la direction de P. Vidal-Naquet et J. Bertin, Hachette, 1987.

Découvertes (à partir de 1492) retirent à Venise le centre européen de la richesse, au profit de l'Atlantique et de la mer du Nord, mais le commerce vers l'Orient continue par Alexandrie, Beyrouth et Tripoli de Syrie.

Fernand Braudel nous donne la séquence des villes dominantes d'Occident, à partir du XIVᵉ siècle : Florence, Venise (1378-1498), Anvers, véritable capitale de l'empire disparate de Charles Quint, Gênes (1557-1627), Amsterdam (50 000 habitants en 1600, 200 000 peu après 1680, quand le déclin de son importance en Europe commence à être évident).

Il convient de citer sur un second plan, au XVIᵉ siècle, la prospérité d'Augsbourg, cœur de l'organisation de la firme à succursales Fugger, qui finança l'élection de Charles Quint (1519) et dont l'établissement d'Anvers fut aussi très important entre 1525 et 1560. En France, le siècle est marqué par l'apogée de la place de Lyon, alors beaucoup plus importante que Paris du point de vue bancaire, et où l'on comptait 169 sociétés de marchands-banquiers (sur les 209 recensées dans tout le royaume), dont 143 italiennes, surtout toscanes, et 15 allemandes ou suisses. Lyon a largement financé la monarchie française, en particulier François 1er pour ses conflits incessants avec les Habsbourg.

C'est la ville qui assure la poussée générale de l'Occident. Sa domination est marchande, financière et bancaire, culturelle. Il peut y avoir un décalage entre les arts qui se maintiennent et l'économie, déjà déclinante, comme dans le cas de Florence au XVᵉ siècle, de Rome et de Venise au XVIᵉ siècle. En avance sur leur temps, anticipateurs du premier capitalisme qui prend des formes essentiellement marchandes, les États-villes ont devancé jusqu'au XVIIᵉ siècle l'émergence plus lente des États territoriaux et la puissance de leur capitale nationale, Londres et Paris.

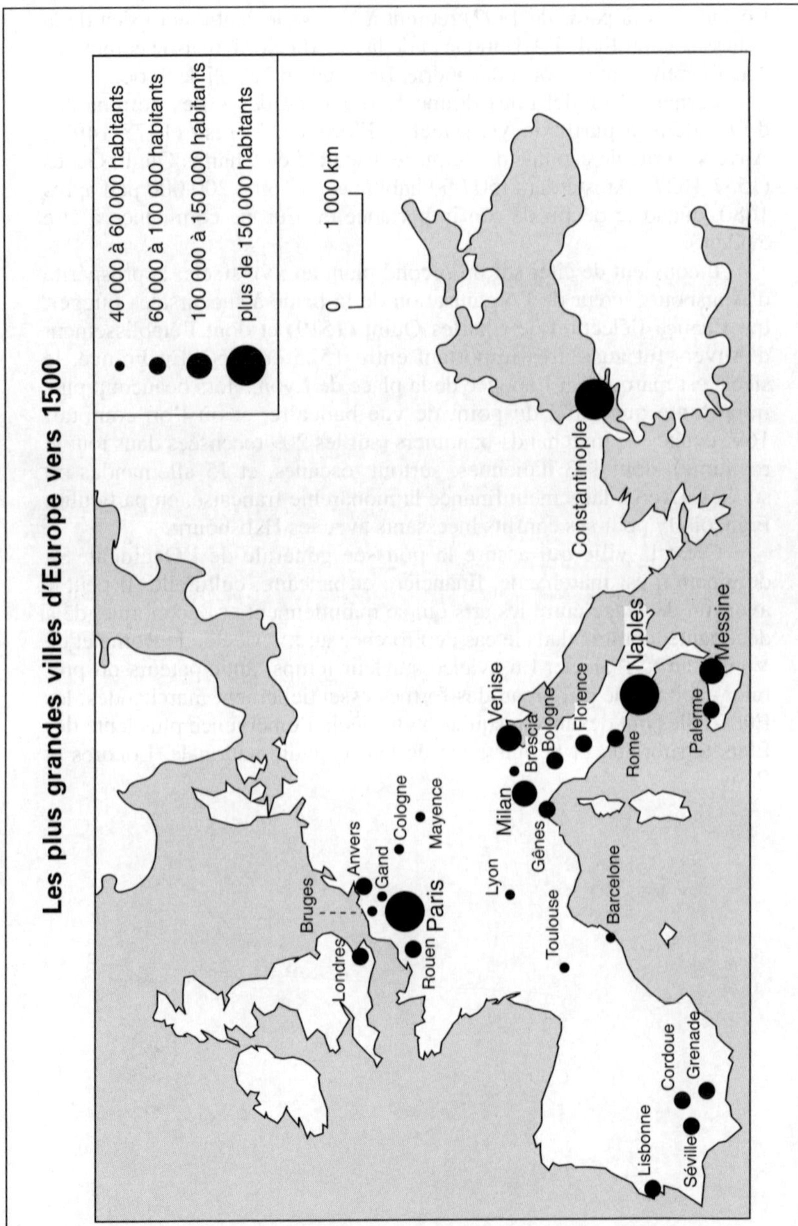
Les plus grandes villes d'Europe vers 1500
40 000 à 60 000 habitants
60 000 à 100 000 habitants
100 000 à 150 000 habitants
plus de 150 000 habitants
0
1 000 km
Constantinople
Naples
Messine
Palerme
Venise
Brescia
Bologne
Florence
Rome
Milan
Gênes
Cologne
Mayence
Anvers
Gand
Bruges
Paris
Londres
Rouen
Lyon
Toulouse
Barcelone
Lisbonne
Séville
Cordoue
Grenade

5

Les métropoles du monde moderne

Les historiens font commencer l'architecturc et l'urbanisme modernes à la Rome de Sixte Quint, c'est-à-dire vers 1585-1590. Le moteur de cette étape de la croissance historique des villes européennes devient politique. La place Saint-Pierre est la première et la plus ostentatoire des « places royales », une fastueuse dépense d'espace pour la gloire du prince, pour des rassemblements immenses, une place ouverte en perspective sur la nature infinie. On suit cette évolution en France à Versailles, comme dans toutes les Versailles européennes ou américaines, de Potsdam à Washington. Même intention dans le Paris royal de Catherine de Médicis (les Tuileries), de Colbert (le Grand Cours des Champs-Élysées), de Louis XV (la Concorde), jusqu'à Napoléon 1er qui perfectionne toutes les perspectives pour les défilés de la victoire (arcs de triomphe de Chaillot et du Carrousel). Cet urbanisme politique qui prendra une expression majeure au XVIIIe siècle fait de la ville un chef-d'œuvre, lieu où s'incarnent la beauté de l'art, l'ordonnance et le prestige de l'architecture. L'époque est marquée à la fois par l'essor et la promotion des villes.

La fin du XVIe siècle et l'époque classique (et baroque) qui suit sont marquées par la montée des capitales : Paris d'Henri IV, Madrid de Philippe II, mais aussi Londres qui devient le centre de l'économie mondiale en 1763, à la fin de la guerre de Sept Ans, Moscou de Pierre le Grand, Constantinople. Chacune reflète le développement des administrations centrales et de la bureaucratie dans l'État moderne. « Ainsi l'État annexe sa capitale, mais plus encore la capitale s'annexe l'État » (Delumeau, 1967). Désormais, les villes appelées au plus grand essor sont les capitales d'un large territoire national, tandis que s'effacent les États-Cités. L'histoire des XVIIe et XVIIIe siècles inscrit plusieurs inversions de valeur, avec la promotion des unes et la régression des autres.

La population des grandes villes européennes

	1500	1600
Constantinople	250 000	600 000
Paris	200 000	415 000 en 1637
Naples	150 000	230 000
Milan	120 000	96 000
Venise	100 000	148 000
Londres	60 000	225 000
Lisbonne		125 000
Anvers	105 000 en 1568	
Rome		101 000
Palerme		105 000
Messine	100 000	
Moscou		80 000
Séville	45 000 en 1530	90 000 en 1594
Grenade	+ de 60 000	
Cordoue	+ de 60 000	
Madrid	4 000	40 000
Gênes	60 000	
Amsterdam	35 000 en 1550	105 000 en 1622
Rouen	100 000	
Marseille		80 000 en 1583
Florence		60 000
Bologne	60 000	60 000
Crémone		80 000
Cologne	40 000	
Mayence	40 000	
Bruges	50 000	
Gand	45 000	
Brescia	35 000	
Toulouse	30 000	
Barcelone	40 000	
Augsbourg	– de 40 000	
Berlin		58 000 en 1688
Hambourg	– de 40 000	
Gdansk	40 000	

Source : d'après J. Delumeau, *La Civilisation de la Renaissance*, Arthaud, 1967, et P. Chaunu, *La Civilisation de l'Europe classique*, Arthaud, 1966.

1. L'endormissement des Cités-États

L'évolution de l'urbanisation se traduit en fait lentement dans les chiffres, parce que l'essentiel n'apparaît pas toujours immédiatement dans les statistiques et parce que la culture et les arts, même décadents, continuent bien après les mouvements de l'économie. Ainsi, l'Italie et la Flandre gardent pour longtemps les taux d'urbanisation les plus forts et les apparences les plus actives d'une économie urbaine dominante.

Le niveau supérieur de l'armature urbaine reste en grande partie méditerranéen ou méridional. Sur les douze villes de plus de 100 000 habitants que compte l'Europe à la fin du XVIe siècle, huit se maintiennent sur des forces passées : Naples, Venise, Palerme, Rome, Messine, Séville, Lisbonne et même Milan. Par exemple, l'urbanisation maintenue à Naples (280 000 habitants en 1600) reflète une crise sociale et traduit l'agglutination de misérables chassés des campagnes. La reconstruction de Lisbonne par Pombal, après le terrible séisme de 1755, constitue aujourd'hui le meilleur témoignage sur le style néo-classique de l'urbanisme des Lumières, mais elle masque en fait un renversement défavorable de la conjoncture du grand commerce colonial avec le Brésil. Ici, la concentration métropolitaine est un signe de la pauvreté du pays et de la destructuration des campagnes.

Rien de tel en Flandre, Pays-Bas et Provinces-Unies, où l'urbanisation se répartit en une collection de villes importantes ou moyennes (Bruxelles, Gand, Bruges, Rotterdam, La Haye, Utrecht...). Mais Anvers et Amsterdam, les deux plus puissantes, doivent céder à Londres leur prééminence anticipatrice sur le capitalisme marchand.

2. La montée des capitales des États territoriaux

Madrid semble un exemple révélateur du nouvel avantage des capitales politiques continentales. La ville abritait 4 000 habitants seulement en 1530. C'est en 1561 que Philippe II décidait de faire de Madrid sa capitale et de construire non loin, à une cinquantaine de kilomètres, le palais de l'Escurial. Madrid apparaît comme une ville nouvelle, du XVIIe siècle pour l'essentiel, puisqu'elle comptait près de 40 000 habitants vers 1600 – quand Séville, la métropole économique, annonçait 90 000 âmes – mais plus de 100 000 à la fin du règne de Philippe III, en 1621. Ses rues larges autour de la Plaza Mayor traduisent l'ambition politique du Prince.

Paris ne cesse d'embellir au XVIIe et surtout au XVIIIe siècle. La ville royale triomphe politiquement et devient un chef-d'œuvre d'art, grâce

La montée des capitales des États territoriaux

Paris, ville du roi, première cité dans l'Europe médiévale à devenir vraiment capitale – ce que Rome avait depuis longtemps cessé d'être. Capitale en vérité non point d'un empire, ni d'une chrétienté, mais d'un royaume, du Royaume. L'art urbain qui culmine à Paris dans les formes que nous appelons gothiques apparaît pour cela comme un art royal... Dans l'Europe des cathédrales en effet, la puissance des rois s'affirme, elle se dégage de l'étouffement féodal, elle s'impose. Avant d'inventer, pour Saint-Denis, les formules de la nouvelle esthétique, l'abbé Suger avait forgé au service du Capétien l'image d'un roi suzerain, sommet d'une hiérarchie pyramidale et réunissant en gerbe dans sa main tous les pouvoirs qui s'étaient jusque-là dispersés dans la féodalité. De fait, après 1200, parmi tous les États qui vont alors se remembrant, il en est un plus vaste, mieux charpenté que tous les autres : c'est le royaume dont le maître réside dans la cité de Paris.

Source : G. Duby, *L'Europe des cathédrales*, Skira, 1966, p. 7.

Si le royaume, politiquement structuré à partir de Philippe Auguste (1180-1223), devient sans conteste le plus brillant des États européens dès avant Saint Louis (1226-1270), c'est en fonction de l'essor général de l'Europe, mais aussi parce que le centre de gravité du monde européen s'est fixé à une ou deux journées de sa capitale. Paris devient une grande place marchande et le restera, à bonne hauteur, jusqu'au XVe siècle. La ville a tiré profit du voisinage de tant d'hommes d'affaires. En même temps, elle accueillait les institutions de la monarchie française, se couvrait de monuments, abritait la plus brillante des universités d'Europe où éclatait logiquement la révolution scientifique consécutive à la remise en circulation de la pensée d'Aristote...

Source : F. Braudel, *Civilisation matérielle, Économie et Capitalisme, XVe-XVIIIe siècle*, tome III, Armand Colin, 1986, p. 94.

notamment à l'architecte Gabriel. Paris est à l'Europe ce qu'était Athènes à la Grèce lorsque les arts y triomphaient : elle fournit des artistes à tout le reste du continent, de Karlsruhe à Berlin et à Saint-Pétersbourg. Artistes et écrivains de toutes les nations sont attirés par les salons parisiens. « Les Académies des Beaux-Arts des capitales d'Europe, calquées sur celles de France et en correspondance avec elles, envoyaient à Paris des pensionnaires » (Mousnier, 1959). « C'est à la ville, pour la ville, par la ville que vit la civilisation de l'Europe classique. C'est un peu à la ville que s'est faite la seule révolution qui compte, non celle de l'ordre des choses, mais la révolution des pensées » (Chaunu, 1966).

L'histoire de la pensée au XVIIe siècle met en évidence les villes d'Anvers, d'Amsterdam, de Leyde, qui rassemblent les grands noms de la librairie, de l'édition et de l'imprimerie qui diffusent à travers l'Europe la nouvelle connaissance, en toute indépendance et à l'abri de l'Inquisition. Les autres foyers européens restent Rome et Florence en Italie. Le XVIIIe siècle consacre Oxford en Angleterre et voit l'émergence de Leipzig et de Berlin en Allemagne. La carte religieuse de l'Europe place en évidence encore la Hollande (Amsterdam, Utrecht, Dordrecht), à côté de Genève.

Tandis que Paris s'affirmait comme la capitale culturelle de l'Europe, l'Angleterre devenait la principale puissance commerciale. Ici le pouvoir est marchand avant d'être politique. Toute la vie politique est dominée par le commerce et Londres est d'abord un port très actif qui assure les quatre cinquièmes des échanges extérieurs de l'Angleterre, avant d'être une capitale. Le roi, l'État ont été tenus à l'écart de sa rapide reconstruction, en moins de dix ans après l'incendie de 1666. La libre entreprise recompose une ville fonctionnelle, sans faste, mais la plus dense d'Europe (Chaunu, 1966), pour une croissance démographique impressionnante : près de 200 000 habitants en 1600, donc derrière Naples et Paris ; près de 400 000 en 1700, avant Paris depuis 1680 sans doute ; 850 000 âmes en 1800, soit 300 000 de plus que Paris. C'est au cours de la dernière décennie du XVIIe siècle que Londres est devenue la capitale économique du monde. « Dans aucun autre pays d'Occident, note Arnold Toynbee, une seule ville n'a éclipsé aussi totalement toutes les autres. À la fin du XVIIe siècle, alors que la population de l'Angleterre était insignifiante en comparaison de celle de la France ou de l'Allemagne et inférieure à celle de l'Espagne ou de l'Italie, Londres était déjà, de toute probabilité, la plus grande ville d'Europe » (Toynbee, 1972).

Florence

Florence a dominé la vie économique de l'Occident aux XIVe et XVe siècles avec ses trois générations de grandes compagnies marchandes, témoins renouvelés de la prospérité de la ville. D'abord, jusqu'aux faillites de 1302-1326, les Spini, Cerchi, Frescobaldi, Scali, dont les opérations hors d'Italie se déroulaient surtout aux foires de Champagne, en Flandre et en Angleterre. Puis, bien plus puissants par le capital et l'étendue de leurs réseaux, les Peruzzi, Bardi, Acciaiuoli, banquiers des papes et créanciers des rois d'Angleterre, dont les transactions commerciales s'étendaient jusqu'à l'Orient. L'apogée de ces grandes maisons toscanes se situe vers 1330. Après les faillites retentissantes de 1343-1346 et une période d'incertitude et de troubles (grande peste, désordres à Florence), la finance florentine prend un nouveau départ. Le Quattrocento est l'époque des Guardi, des Strozzi, surtout des Médicis. Jusqu'au XVIe siècle, malgré l'épisode sans lendemain de Jacques Cœur, le grand commerce international et la banque ont été entre les mains des Toscans...

Source : J. Delumeau, *La Civilisation de la Renaissance*, Arthaud, 1967, p. 251.

Rome

Aucune cité d'Europe ne pouvait présenter, à la fin de la Renaissance, un bilan comparable à celui de Rome :
– cinquante-quatre églises au moins ont été construites ou entièrement refaites au cours du XVIe siècle, dont Saint-Pierre, la plus grande du monde ;
– soixante palais environ sont nés, dont l'un des plus vastes du monde, celui du Vatican, construit essentiellement au XVIe siècle ;
– vingt villas aristocratiques dans la ville ou la campagne proche remontent au XVIe ; plusieurs sont d'authentiques palais ;
– des logements neufs ont abrité plus de 50 000 immigrants, peut-être même 70 000, entre 1500 et 1600... Rome faisait donc figure en Europe, à la fin de la Renaissance, de cité-pilote, grâce à des rues nouvelles et droites, ses monuments majestueux, ses fontaines gracieuses, ses jardins très nombreux. On comprend l'admiration d'un jeune noble allemand qui écrivait à son père en 1596 : « Cette très belle ville mérite vraiment d'être appelée la capitale du monde. »

Source : J. Delumeau, *La Civilisation de la Renaissance*, Arthaud, 1967, p. 309.

Naples, métropole décadente

Naples a été longtemps la plus grande ville de la chrétienté latine. C'est aux alentours de 1520-1530 que Naples, vraisemblablement, ravit à Paris la première place. En 1606, Beloch lui attribue 280 000 âmes. La population de Naples est pratiquement au double de Venise (145 000 à 150 000), le triple presque de celle de Rome (101 000). Ravagée par la peste, par la guerre, minée plus fondamentalement encore par la crise économique, Naples tombe à 175 000 habitants en 1688, 215 000 en 1700 – derrière Londres et Paris –, 305 000 en 1750, 425 000 en 1800. Naples, vers 1800, reste la troisième ville d'Europe et la première d'Italie avec deux fois et demie la population romaine (160 000 habitants).
Le cas de Naples, la plus orientale des villes d'Occident, reste aberrant. Pour soutenir une telle masse de parasites humains, la fantastique richesse de la volcanique Campanie, la plaine agricole la plus peuplée d'Europe. Naples a ses particularités : le record absolu, entre autres, de la prostitution...
Naples possède la plus grande fabrique de castrats de l'Europe classique. Rome vient en seconde position... L'abjecte industrie est liée à un monstrueux engouement pour les aigus, un incompréhensible mépris des graves et la pudibonderie antiféministe de la Cour de Rome. L'opéra au XVIIe siècle a été envahi par les châtrés des chapelles romaines. « Le XVIIIe siècle, écrit Bronislaw Horowicz, siècle du bel canto et de l'opéra napolitain, voit une véritable invasion des castrats que la ville de Naples produit à une cadence industrielle. » Ils se recrutent dans les couches misérables de la société où de jeunes garçons pauvres sont l'objet d'un odieux trafic. Par là Naples respire bien un relent de turquerie décadente et de mauvais aloi...

Source : P. Chaunu, *La Civilisation de l'Europe classique*, Arthaud, 1966, p. 623.

Amsterdam

Avec Amsterdam se clôt l'ère des villes à structure et vocation impérialistes, sans le soutien d'un État national moderne unifié (Fernand Braudel). Mais il convient de parler plutôt d'une région de villes, car le cœur de l'économie-monde centrée sur Amsterdam est en fait toute la frange du pays néerlandais que touchent les trafics issus de la mer, la Zélande, la Frise, Groningue, une partie d'Utrecht.

De 1618 à 1648, durant la guerre dite de Trente Ans, là où, historiens, nous ne voyons au premier plan que les Habsbourg ou les Bourbons, Richelieu ou Mazarin, le rôle dominant n'a-t-il pas été très souvent celui de la Hollande ? Les fils de la diplomatie se nouent et se dénouent à La Haye. C'est là que s'organisent les interventions successives du Danemark (1626), de la Suède (1629) et même de la France (1635). Cependant, comme tout centre du monde économique qui se respecte, les Provinces-Unies maintiennent la guerre hors de chez elles...

L'Europe a été la première condition de la grandeur néerlandaise. Le monde en a été la seconde. Mais ceci n'a-t-il pas été la conséquence en partie de cela ? La Hollande ayant conquis l'Europe marchande, le monde lui a été donné logiquement...

Source : F. Braudel, *Civilisation matérielle, Économie et Capitalisme, xve-xviiie siècle*, tome III, Armand Colin, 1986, p. 174.

Constantinople-Istanbul

Lorsque Mehmet II s'empara de Constantinople, la ville en partie désertée par ses habitants ne comptait guère plus de 100 000 âmes. Les sultans voulurent lui redonner vie et animation et, en même temps, supplanter Le Caire comme métropole du monde musulman. Ils y transplantèrent des Turcs d'Asie Mineure, des non-musulmans des Balkans, des gens du Caucase, des Syriens, des Égyptiens. Vinrent en outre des Maures et des Juifs chassés d'Espagne. Dès 1535, la ville rassemblait 400 000 habitants, qui étaient peut-être devenus 500 000 vingt ans après.

Source : J. Delumeau, *La Civilisation de la Renaissance*, Arthaud, 1967, p. 313.

3. Les grandes villes demeurent rares en Europe à l'est du Rhin

Vienne atteint 100 000 habitants vers 1700, quatre fois moins que Paris et autant que Lyon à cette époque. Elle devient progressivement au XVIIIe siècle la capitale d'une Europe danubienne et baroque qui a recouvré son unité politique, économique et culturelle (Chaunu, 1966). À la fin du siècle, elle est devenue, avec près de 200 000 habitants, la quatrième capitale européenne. Berlin ne dépasse pas 70 000 personnes en 1700, tout comme Hambourg, à peine plus que Dantzig. En Pologne, seule compte Varsovie qui abrite 100 000 âmes.

Parmi les grandes métropoles mondiales des XVIe, XVIIe et même XVIIIe siècles, il convient de citer Istanbul, la capitale de l'Empire ottoman, qui organise toujours, avec Le Caire et Alep, ainsi que Smyrne, la circulation maritime et terrestre entre Europe et Asie, et fonctionne comme un énorme entrepôt pour le transit d'innombrables marchandises des Indes à l'Angleterre. Une fonction de compteur, il est vrai, plus que de moteur, car l'argent s'avère occidental sur tous ces marchés et ne fait que traverser l'espace turc, mais il s'agit d'un énorme compteur pour une place stratégique de 600 000 habitants, finalement la plus grande ville européenne.

Autres exceptions d'importance : Moscou (80 000 habitants peut-être vers 1600 et 200 000 en 1750, 270 000 en 1811) dont les activités commerciales se développent au pied du *kreml* aristocratique, la ville politique et religieuse, et Saint-Pétersbourg, fenêtre vers l'Ouest ouverte en 1703 par Pierre le Grand et qui, en nombre d'habitants, dépasse l'ancienne capitale dès la fin du XVIIIe siècle (335 000 habitants en 1811).

4. Les centres métropolitains en Asie

Peut-on parler d'un phénomène métropolitain en Asie aux XVIIe ou XVIIIe siècles, sur les routes de l'expansion orientale de l'Islam, à partir du golfe Persique, vers l'océan Indien, jusqu'au carrefour animé de Malacca, ou bien le long des routes continentales, entre steppes et déserts qui, de l'Arabie à la Chine, traversent l'épaisseur du continent asiatique ?

Il faudrait pouvoir distinguer les villes-relais de l'économie marchande, ainsi les comptoirs des deux grandes compagnies de commerce, française et anglaise, qui opèrent dans l'Inde à l'époque, à partir de Madras, Calcutta, Bombay, Surate, concédés à Londres, Pondichéry et Chandernagor pour Paris. L'organisation britannique, beaucoup plus décentralisée, laisse au gouverneur général et aux agents sur place une large autonomie qui donne en particulier à Madras et à Surate plus de pouvoirs et donc de réalité métropolitaine. Le rôle dominateur de Surate en fait une grande place d'affaires, pour les échanges entre l'Europe, le Moyen-Orient et l'Asie. Les bourgeoisies marchandes, d'origine indienne, sont puissantes aussi, au moins jusqu'à la conquête anglaise, à Bombay et au Bengale. À ces lieux de passage et d'organisation du trafic, entre les mains des Européens, parmi lesquels il conviendrait de citer, pour les Portugais, Goa, capitale de leur empire, sur la côte de Malabar, Malacca, à la hauteur des îles de Sumatra et de Java, et Macao, face à Canton, ou bien Batavia, pour les Hollandais, on peut opposer les centres créateurs et irradiants d'une civilisation autochtone.

Au XVIIe siècle, la dynastie des Séfévides en Perse donna à Ispahan et à Chiraz une période brillante, avec routes, monuments, science, armée, administration, que les Turcomans de Boukhara détruisirent au XVIIIe siècle. La Chine au XVIIIe siècle connut une de ses plus grandes époques, sous les empereurs mandchous. La force de l'État s'accrut. Les arts de cour prospérèrent. Les empereurs restaurèrent à Pékin la Cité interdite, demeure impériale incendiée lors de la chute des Ming en 1644, et firent construire par les Jésuites, au nord-ouest de la ville, pour palais d'Été un « Versailles » chinois.

À la veille de la révolution industrielle, comme Fernand Braudel nous le montre, la richesse de l'Europe et donc son rayonnement urbain, que notre exposé a privilégié évidemment, sont en fait très relatifs, face au tableau qu'un historien spécialiste pourrait faire de la Chine et de l'Inde vers 1800. Mais les progrès techniques qui suivent et dont les effets amplificateurs ont été liés à une meilleure organisation politique et sociale de l'Occident ont creusé durablement et prodigieusement l'écart en faveur des villes européennes.

6

À l'origine des révolutions technologiques contemporaines

Avant 1800, les villes de plus de 100 000 habitants restent un fait assez exceptionnel. La révolution industrielle, agricole, des transports, à la fin du XVIIIe siècle, a été à l'origine d'une élévation sans précédent des taux d'urbanisation et a supprimé tous les freins qui limitaient la taille des villes. Elle a engendré, avec les économies d'échelle, une logique géographique de concentration urbaine. Londres a été la première ville millionnaire : 3 millions en 1860, 7 en 1910. En 1913, on compte huit villes de plus de 2 millions d'habitants : Berlin, Chicago, Londres, New York, Paris, Saint-Pétersbourg, Tokyo, Vienne. En 1950, on compte deux villes de plus de 10 millions : Londres et New York.

D'après certaines estimations, la population urbaine mondiale est passée de 47 millions vers 1700 et 75 millions en 1800 à 335 millions en 1910, 360 millions en 1920, 680 millions en 1950. Les taux annuels de croissance sont donc passés de près de 1 % entre 1750 et 1850, à 2 % entre 1850 et 1910, et 1,9 % de 1910 à 1950. La concentration de la population urbaine dans les grandes villes s'est produite et accélérée à partir de 1800 et surtout après 1860. La multiplication des très grandes villes est apparue avec l'industrie. Entre 1850 et 1900, ce sont les unités urbaines de plus de 500 000 habitants qui connaissent la croissance la plus rapide de leur population ; de 1900 à 1950, ce sont les villes de plus d'un million d'habitants.

Ces chiffres couvrent deux phases différentes : l'influence de la croissance industrielle et urbaine qui s'est déplacée progressivement, à partir de l'Angleterre, en Allemagne et en France, en Europe centrale et en Russie, aux États-Unis, jusqu'au Japon ; l'influence plus récente sur les réseaux urbains de la dynamique tertiaire qui touche les pays riches, d'économie avancée. L'industrialisation du XIXe et de la première moitié du XXe siècle a accru démesurément la concentration. Ce sont encore les villes millionnaires qui caractérisent la période postindustrielle la plus récente. Un fait qui touche plus l'Amérique du Nord et le Japon que l'Europe.

Évolution de l'urbanisation du monde

	1800	1900	1950	1975	1990	2000	2025	2050
Population totale	954	1 608	2 525	4 010	5 384	6 350	8 645	10 000
Population urbaine	87	260	733	1 540	2 390	3 200	5 015	6 500
Taux d'urbanisation	9	16	25,6	38,4	45	48	61	65
Nbre de villes de plus de 100 000 hbts	86	292		2 990		4 600		
De plus de 1 million d'hbts		17	70	157		320		
De plus de 5 millions d'hbts		1	6	20	34	45		
De plus de 10 millions d'hbts	0	0	1	4	14	19		

Ces chiffres proviennent du recoupement de sources diverses. Ils doivent être considérés comme des ordres de grandeur.

Source : d'après les *Cahiers de l'Institut d'aménagement et d'urbanisme de la Région d'Île-de-France*, n° 104-105, août 1993, p. 9.

Parmi toutes les évolutions techniques suivies aux XIXe et XXe siècles, c'est le progrès des transports qui détermine davantage la croissance observée de l'urbanisation. La vitesse et la capacité du transport des hommes et des marchandises ont influencé la taille et la répartition des organismes urbains. On a souvent vu résumer l'histoire économique par celle des transports. Ainsi la première révolution industrielle, celle du charbon et du fer, mesurée par la diffusion de la machine à vapeur, est-elle appelée aussi la conquête du rail. La deuxième révolution industrielle paraît associée à l'utilisation du moteur à explosion, dans l'automobile. La révolution actuelle des services continue cette logique avec les télécommunications qui concernent les informations. Ainsi la dynamique géographique des villes dans les pays d'économie avancée paraît-elle rythmée et dessinée par les modes et l'objet de la circulation.

L'élévation des taux d'urbanisation et la croissance des villes se sont traduites par une extension du tissu urbain et une évolution de la morphologie. Au semis des grandes métropoles radioconcentriques formées en Europe, dont le plan traduisait l'alliance historique d'une centralité d'ordre à la fois politique, financier et culturel, se sont ajoutées, entre 1860 et 1950, les formes polycentriques des conurbations industrielles, dominées par les formes diverses de banlieues. L'époque contemporaine voit un élargissement du phénomène urbain à l'échelle de la région métropolitaine, sous la forme de systèmes régionaux de villes organisées en réseaux.

1. La croissance industrielle et urbaine

La prépondérance de la population urbaine gagne à partir du XIXe siècle tous les pays industriels : Grande-Bretagne, puis Allemagne, États-Unis, un peu plus tard France et Japon. Ainsi, à la fin du siècle, la dominante urbaine traduit l'irrésistible appel des activités industrielles et commerciales. Plus qu'à la diffusion de la machine à vapeur, le lien tient aux progrès des techniques des transports. En Europe, au XIXe siècle et jusqu'en 1950 ou 1960, les flux de marchandises, en particulier les échanges de matières pondéreuses, qui impliquent de lourdes infrastructures de transports terrestres, fluviaux ou maritimes, concentrent la vie urbaine sur quelques grands carrefours naturels et bien aménagés des pays industriels. En dehors des points d'extraction minière, la grande industrie s'est concentrée d'abord dans les principaux ports fluviaux et maritimes. Puis la concentration urbaine, ouvrière et industrielle apparaît liée au rail. Dans ce domaine, longtemps l'Angleterre a été la seule puissance à posséder un véritable réseau unissant ses principales villes.

Un processus simultané de centralisation et de concentration

La concentration de très gros effectifs de population dans un petit nombre d'organismes urbains correspond à une phase du développement des économies modernes, qui est celle de processus simultanés de centralisation et de concentration, et celle de la coalescence de tous les types d'activités non agricoles. Alors que la ville avait, avant l'époque industrielle, une fonction spécifique bien déterminée, qui était une fonction administrative et une fonction commerciale, bien distincte de la fonction de production essentielle qui était celle de la campagne, la grande ville des XIXe et XXe siècles est devenue le lieu de concentration de toutes les activités majeures, production industrielle, gestion des affaires, administrations publiques, commerce de toutes natures et de tous niveaux, formation, activités culturelles. Elle est en même temps, et pour cela, le seul marché de l'emploi hors d'une campagne qui se vide de ses habitants, et un marché de l'emploi d'autant plus attractif qu'il est diversifié et offre un éventail complet d'activités professionnelles.
Il est normal, dans ces conditions, que la population s'y soit concentrée sans relâche, créant, par son accumulation, les conditions mêmes de la poursuite du processus. La présence d'une réserve différenciée de main-d'œuvre attire l'industrie, le foisonnement des entreprises appelle une multitude de services financiers, commerciaux, techniques et administratifs, la croissance même de la population crée des besoins de « services induits ». Tout concourt à un processus de « boule de neige ». Chaque mutation technologique multiplicatrice d'emplois y trouve immédiatement son impact, au point que toutes les conditions sont remplies pour une croissance exponentielle...

Source : P. George, *La Vie urbaine*, n° 1, décembre 1975.

En Europe

En Grande-Bretagne, où l'on compte, dès 1850, 8 agglomérations de plus de 100 000 habitants et 18 de plus de 50 000, la croissance urbaine a revêtu une ampleur déjà impressionnante pendant la première moitié du siècle : la population de la capitale est passée de moins d'un million à plus de 2,3 millions, celle de Glasgow de 77 000 à 329 000, celle de Birmingham de 71 000 à 232 000 et celle de Manchester de 95 000 à plus de 400 000. C'est entre 1860 et 1914 cependant que la croissance urbaine s'avère la plus forte en Europe, dans un contexte de forte croissance de la population totale. Londres dépasse 3 millions d'habitants en 1860, 4 en 1880, sur 30 millions de Britanniques, 7 en 1910. Le nombre des villes de plus de 100 000 habitants est passé en Europe de 42 en 1850 à 118 en 1890 et 183 en 1910. On compte 8 villes mondiales de plus de 2 millions d'habitants en 1913 : Berlin, Chicago, Londres, New York, Paris, Saint-Pétersbourg, Tokyo et Vienne. Entre 1800 et 1900, la population de Londres a été multipliée par 10, celle d'Essen par 30, celle de Düsseldorf par 40, les populations de Birmingham, de Manchester, de Leeds par 20, celles de Marseille et de Lyon par 6, la population de Moscou par 4. La grande ville résulte de l'exode des ruraux et de l'immigration, beaucoup plus que de l'accroissement naturel. Aussi son caractère cosmopolite se trouve-t-il accentué. Irlandais, Écossais affluent à Londres, Slaves, Hongrois et juifs à Vienne.

La grande industrie a donné naissance à une nouvelle structure urbaine, la conurbation dont l'agglomération urbaine Rhin-Ruhr est certainement un paradigme. Modèle récent puisque l'exploitation du charbon a commencé en 1837, la première voie ferrée de la Ruhr a été posée en 1847 et les développements sidérurgiques datent de 1849, l'essor de la chimie a commencé à partir de 1890. La population du bassin houiller de la Ruhr est passée de 813 000 en 1871 à 3 521 000 en 1910 et 4 400 000 en 1939. Il s'agit aujourd'hui d'une conurbation de près de 11 millions de personnes, réparties entre une dizaine de villes de plus de 200 000 habitants chacune et une dizaine d'autres entre 100 000 et 200 000 habitants.

Aux États-Unis

Parmi les pays industriels, la part de croissance de la population urbaine de l'Europe décline cependant par rapport à la progression que l'on observe sur d'autres continents, en Amérique du Nord notamment où le taux d'urbanisation s'élève très vite. New York passe de 80 000 à 500 000 habitants entre 1800 et 1850, Philadelphie de 40 000 à 120 000. Là encore, la croissance urbaine s'élève beaucoup plus fortement à partir de 1860. Aux États-Unis, en 1850, plus de 19 millions d'habitants sur 23 vivent encore dans les campagnes. Mais, en 1900, il

La région londonienne, desserrement et structure polycentrique

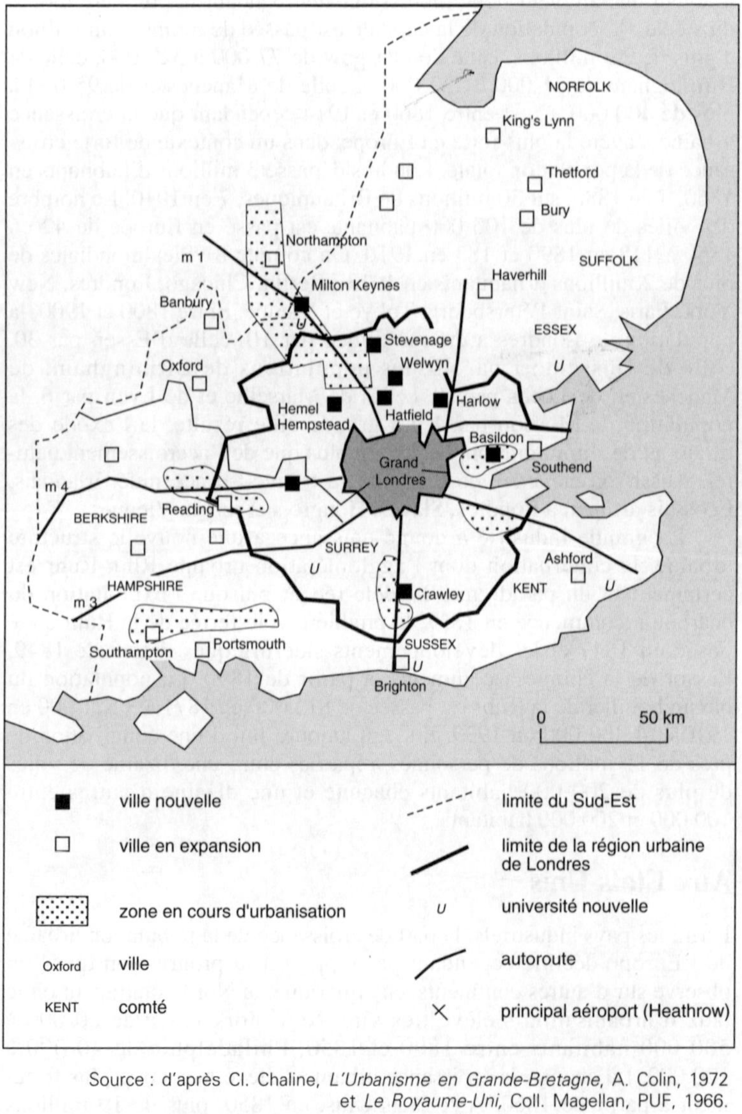

Source : d'après Cl. Chaline, *L'Urbanisme en Grande-Bretagne*, A. Colin, 1972 et *Le Royaume-Uni*, Coll. Magellan, PUF, 1966.

y a 30 millions d'Américains sur 75 qui sont citadins. On compte alors 30 villes de plus de 100 000 habitants, totalisant 12 millions de personnes. Chicago a bondi de 300 000 à 1 700 000 habitants entre 1870 et 1900. À cette date, New York a dépassé 3 millions et Philadelphie un million.

L'histoire du peuplement et de l'urbanisation aux États-Unis nous donne une illustration intéressante d'une périodisation de la géographie des villes rythmée sur celle des modes de transports. Entre 1820 et 1860, les villes intérieures sont filles des canaux et de la navigation fluviale, c'est-à-dire liées au développement de la navigation à vapeur. C'est son hinterland fluvial, considérablement élargi à partir de 1825 par la mise en service du canal Érié, qui donne à New York un avantage décisif. La deuxième vague d'urbanisation se décline avec la voie ferrée qui donne aux villes de la côte Est une dimension continentale. On sait que la morphologie urbaine contemporaine aux États-Unis a été largement déterminée par la diffusion de l'automobile. Los Angeles qui symbolise l'image de la ville moderne aux États-Unis « n'est à proprement parler ni une ville, ni une agglomération, mais plutôt une région urbaine, l'échelle régionale pouvant seule rendre compte de dimensions qui atteignent d'ouest en est 120 km entre Santa Monica et San Bernardino et du nord au sud 100 km entre San Fernando et Irvine, soit une superficie d'environ 10 000 km² », pour plus de 13 millions d'habitants (Bethemont et Breuil, 1989).

Tandis que les premières banlieues, liées au rail, ont concentré les classes populaires, les populations aisées se sont déplacées vers les couronnes extérieures les plus récentes, moulées sur les voies rapides, à proximité des échangeurs autoroutiers, près desquels s'installent aussi, entre les lotissements de pavillons confortables et uniformes, noyés dans une verdure standardisée, *shopping centers* et nouveaux établissements industriels ou tertiaires, établissements universitaires et laboratoires. La concentration de la population urbaine dans des agglomérations multimillionnaires caractérise particulièrement les États-Unis pendant la première moitié du XXe siècle. New York dépasse Londres en 1924 et devient la plus grande ville du monde, la première à dépasser les 10 millions dès 1930. Entre 1800 et 1950, la population de New York a été multipliée par 200 ! Et celle de Paris, par 13.

La naissance des conurbations

Ainsi, depuis 1800, la croissance urbaine est continue. Partout la ville s'étale, suburbanise la campagne, en raison de l'efficacité accrue des transports quotidiens. À partir de 1870, le tramway et le chemin de fer ont rendu possible un développement très poussé le long des principales artères radiales. À partir de 1920, les autobus, puis les voitures particulières, ont permis de remplir l'espace compris entre ces artères.

La région urbaine et industrielle rhéno-westphalienne

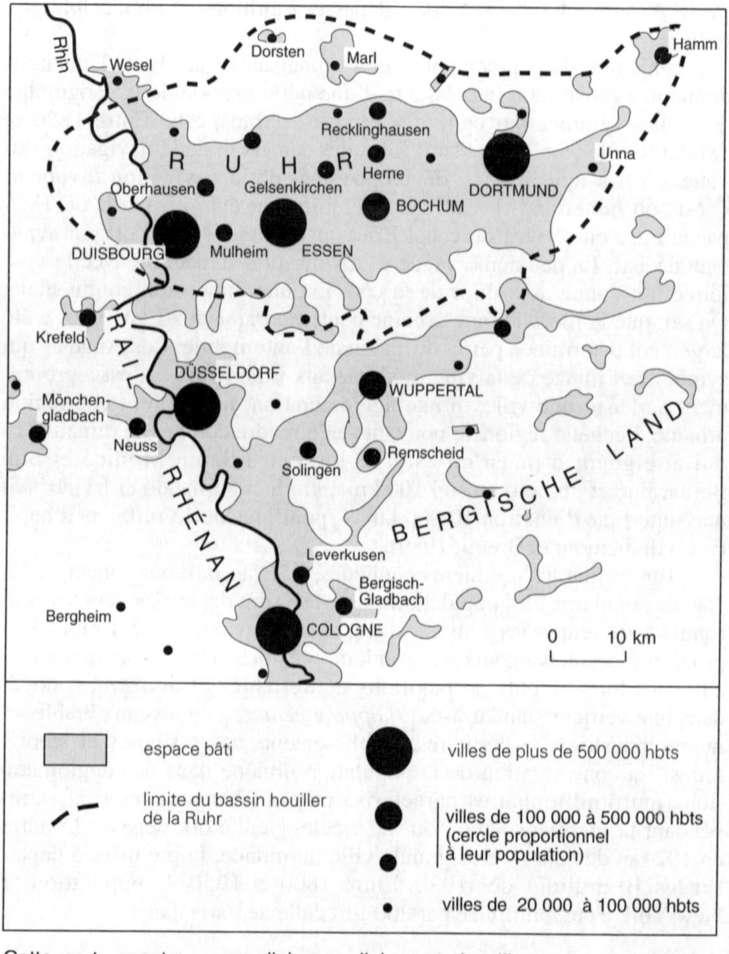

Cette carte montre un prodigieux pullulement de villes sur une superficie restreinte. Le tissu urbain construit forme plusieurs ensembles : la Ruhr est située à l'intérieur du bassin houiller ouest-est ; le Rail rhénan s'étire en direction méridienne le long du fleuve ; le Bergische Land présente des zones urbanisées discontinues, étirées au fond des vallées encaissées dans ce plateau forestier ; l'ouest textile, étendu du Rhin à la frontière, n'est que partiellement visible sur la carte.

Source : R. Lebeau, *L'Allemagne fédérale : géographie économique*, © Masson, 1989, p. 88.

Partout les frontières du domaine bâti reculent et les banlieues s'étendent. Aujourd'hui, on doit parler non plus d'agglomération (avec son noyau central et ses banlieues), mais de régions métropolitaines, couvrant une surface très étendue, se composant d'une unité administrative centrale et d'une auréole périphérique assez large, pouvant comporter plusieurs noyaux résidentiels et commerciaux secondaires, des zones intermédiaires encore rurales, mais étroitement liées à la ville. Ces tentacules urbanisés poussent le long des grandes artères de circulation et finissent par absorber d'autres centres urbains ou villes-satellites. Ils peuvent s'étaler jusqu'à rejoindre encore d'autres tentacules voisins, pour former avec eux une conurbation. Les conurbations résultent de la fusion d'agglomérations distinctes en un tissu contigu. Le long des grands axes de circulation, on a aussi des chaînes de régions métropolitaines, complexes métropolitains polynucléaires à l'intérieur desquels subsistent des zones à plus faible densité de population (Mégapolis de la côte Est des États-Unis, de la côte Pacifique du Japon ou du Randstad hollandais).

Le long du Rhin, les grandes villes sont espacées régulièrement, à peu près tous les 55 km. Des seuils de marché de 1 à 2 millions d'habitants et des seuils d'accessibilité de 70 à 100 km déterminent un semis serré de centres régionaux, au-dessus desquels existent des pôles métropolitains de décision suprarégionaux, pour lesquels le seuil de marché s'avère être de l'ordre de 5 ou 10 millions d'habitants : Francfort, Cologne, Düsseldorf et la Ruhr, le Randstad.

Au Japon, le développement des aires métropolitaines s'est affirmé surtout à partir de 1930, avec l'essor industriel du pays. C'est au sud de Tokyo, vers Yokohama et Kawasaki, ou à l'est, vers Chiba, que le paysage urbain s'est déployé avec le plus d'agressivité, le long des voies ferrées et des routes du littoral, le long de la baie, en un des secteurs industriels les plus vastes et les plus polluants de la planète, mêlant, entre les rails et l'eau, les cités manufacturières, les cheminées des usines, les maisons de planches sans étage, posées sur le sol sans fondation, les jardinets... Après 1955, la grande industrie littorale et l'essor des activités maritimes ont provoqué de nouvelles extensions urbaines. En 1975, on recensait près de 33 millions d'habitants dans un rayon de 150 km autour de la gare centrale de Tokyo, sur seulement 26 187 km^2, soit un tiers de la population nationale sur un quinzième de la surface du pays.

L'essor actuel de l'économie de services confirme à la fois cette accentuation de la métropolisation pour les fonctions de commandement et une organisation essaimée des activités de relais et d'exécution dans des aires métropolitaines régionales.

La mégalopolis japonaise

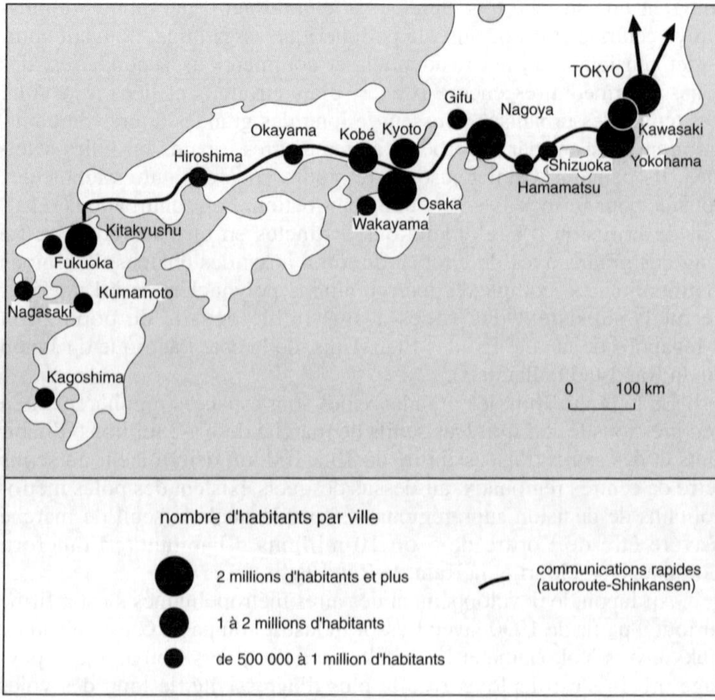

Source : d'après A. Frémont (dir.), *Géographie*, classe de terminales, Bordas, 1989 p. 316.

2. La ville contemporaine est liée au développement des services

P. Bairoch a montré qu'à partir de 1860 c'est dans le tertiaire que les emplois augmentent le plus rapidement à l'échelle de la planète, passant de 12 % à plus de 16 % de la population active mondiale en 1920, alors que le secteur secondaire plafonne à 13,5 %. Le tertiaire dépasse pour la première fois en importance le secondaire vers 1870-1880. Dans les pays riches, ce secteur représente plus de la moitié des actifs depuis 1970. Les transports – de biens, de personnes et d'informations –, les fonctions de distribution et de services déterminent donc les formations urbaines, en particulier métropolitaines, où se concentrent ces activités, tandis que les industries manufacturières reculent. La mutation entraîne une recomposition territoriale, à partir des friches laissées dans les faubourgs et banlieues ; recomposition sociale et urbanistique des grands ensembles de logements collectifs aussi.

Les dynamiques de l'urbanisme tertiaire

Les activités de matière grise, portant sur les produits de l'esprit, continuent à s'intensifier dans les centres métropolitains, aux dépens des activités encombrantes et des opérations courantes d'exécution qui peuvent être séparées économiquement et géographiquement des fonctions directrices, car elles ne réclament qu'un personnel d'opérateurs et ont donc tendance à être délocalisées ailleurs, vers des espaces périphériques plus proches de la main-d'œuvre, où les loyers sont moins élevés.

La déconcentration des fonctions centrales a été engagée dès 1957 vers les villes nouvelles autour de Londres, en particulier à Croydon, à 15 kilomètres de la City, où plus de 30 000 *office jobs* ont été implantés, ainsi qu'à Harlow, Hemel Hempstead... Les firmes les plus puissantes se déplacent le plus loin. La mobilité implique largement les compagnies d'assurances (14 % du total des emplois déconcentrés), puis les services du négoce, des transports, de la distribution. La division technique et spatiale du travail touche des opérations qui peuvent être conduites isolément, comme le classement d'archives, le travail sur fichiers, le traitement d'informations courantes, et dont les résultats peuvent être transmis par télex ou par informatique. La région métropolitaine fixe 80 % des nouvelles localisations et 68 % des emplois concernés. Le Grand Londres retient la masse des petits établissements de moins de 50 salariés.

L'éclatement géographique du *central business district* (CBD) concerne aussi les États-Unis. Très tôt par exemple Newark (à l'ouest de New York) a concurrencé Madison Square, la 23e Rue et Rockefeller Center, en matière d'assurance-vie, dont les compagnies n'ont pas,

L'énorme poussée urbaine en Europe après 1860 : le développement des grands services urbains

La croissance de la ville pose des problèmes complexes... Une voirie interminable : 11 000 rues à Londres, ce qui fait 8 500 kilomètres, 2 345 à Paris. La plupart sont pavées en pierre, bordées de trottoirs... Trois modes de locomotion se répandent : l'omnibus et la voiture de louage à traction animale, le chemin de fer urbain et suburbain, le tramway sur rail, électrifié ou non. Le gaz d'éclairage est à son apogée vers 1890. Il fournit un chauffage pratique pour la cuisine.

Comment s'en remettre aux porteurs d'eau du soin d'approvisionner une grande agglomération ? On doit donc revenir à l'aqueduc romain. D'abord Paris fait jaillir la nappe souterraine par un puits artésien à Grenelle ; puis Belgrand dirige le captage de la Dhuis et de la Vanne ; plus tard l'Avre, le Loing et le Lunain apportent leur tribut : la consommation a passé de 68 litres par habitant à 240 en quarante ans. Madrid construit un aqueduc de 70 kilomètres ; Manchester s'alimente dans le Cumberland. L'évacuation des eaux polluées et l'assainissement exigent des travaux non moins coûteux. C'est une révolution que Poubelle opère à Paris quand il décrète que les ordures seront déposées dans des boîtes et enlevées par des employés d'un service municipal...

Le Ventre de Paris : Zola fixe l'attention sur le rôle des Halles. Dans tout l'Occident la grande ville emprunte sa nourriture non seulement à la zone maraîchère et céréalière proche, mais à des contrées éloignées. Vienne fait venir son bétail des Alpes, ses grains de Hongrie, sa bière de Bohême ; les cités de la Ruhr demandent leurs pommes de terre à l'Allemagne de l'Est et à la Hollande, le blé à l'Amérique, les légumes à la Hollande et à la France, les laitages aux pays de la mer du Nord, les fruits à la France et à l'Italie...

Source : R. Schnerb, *Le XIXe siècle, l'apogée de l'expansion européenne (1815-1914)*, PUF, 1961, p. 207.

comme les banques et la réassurance, la nécessité de se situer immédiatement à proximité du marché financier.

La multiplication des technopôles représente une autre forme, plus récente, d'élargissement géographique apparent des fonctions centrales. Ainsi la Route 128, qui ceinture à 15 kilomètres le CBD de la vieille métropole de la Nouvelle-Angleterre (Boston), a-t-elle fixé, dès 1948, mais surtout entre 1960 et 1968, un mouvement de désenclavement important des fonctions universitaires, scientifiques et d'études techniques. On parle à propos de la Route 495, à 140 km à l'ouest, d'un nouveau « périmètre de platine ».

L'espace technopolitain qui s'affirme aussi en France associe une dimension à la fois technique, urbaine et sociale. Les qualificatifs se rapportent aux usages multiples des télécommunications et au développement de l'industrie de l'information qui placent les aires métropolitaines, au sein desquelles apparaissent les technopôles à l'échelle mondiale, comme un enjeu stratégique des relations internationales. La nouvelle économie industrielle s'affirme comme une économie de services, c'est-à-dire de relation et d'information, mettant en œuvre tous les effets transversaux de la communication. Ainsi définie, la production se fait toujours plus urbaine, au sein des villes de la science, des centres innovateurs, des parcs scientifiques, à proximité des villes-mères qui structurent ces espaces de rassemblements intersectoriels et interdisciplinaires, et mettent en communication créatrice les partenaires, les activités et les institutions complémentaires. Dans ce sens, le mouvement de métropolisation accompagne nécessairement les développements de la culture technopolitaine. On retrouve là l'idée de Lewis Mumford selon laquelle les cités, c'est-à-dire les systèmes urbains, forme remarquable d'organisation territoriale, ont engendré la civilisation occidentale.

Les dynamiques de l'économie de l'information

Les grandes métropoles ont subi un changement profond dans leurs activités économiques : la logique du processus d'industrialisation conduisait à l'agglomération des hommes ; la substitution de l'information à l'énergie a déplacé le système technico-économique en faveur des pôles d'échanges et de traitement des « invisibles ». Ce fait majeur accompagne la mondialisation de l'économie de la communication. Une véritable industrie mondiale de la culture et de l'information est en train d'apparaître, dominée par de grands groupes multimédias qui possèdent de multiples bases nationales et ont une approche essentiellement commerciale du produit culturel. Les États-Unis et le Japon ont préparé cette uniformisation de la culture mondiale. Ces deux pays contrôlent la pluralité des médias qui permet une extrême diversification de l'offre, son adaptation aux désirs de publics très différenciés.

Parmi les métropoles informationnelles d'échelle internationale, Osaka tient une position d'avant-garde. Le nouvel aéroport du Kansaï fonctionne 24 heures sur 24. À côté, technoport et téléport offrent un équipement en télécommunication par satellites relayé à un réseau câblé pour permettre en permanence la réception et la transmission d'informations spécialisées du monde entier (financières, commerciales, techniques), pour les entreprises et les administrations. La ville a fixé un centre international de la finance et un Institut de recherche avancée sur les télécommunications. La gare d'Umeda, construite pour le train à grande vitesse, reçoit plus de 700 000 personnes chaque jour. Osaka Business Park rassemble sur 26 hectares les bureaux des grandes compagnies de l'électronique et de l'informatique, des médias, de la finance, des télécommunications, le siège social d'une chaîne de télévision, les laboratoires de Fujitsu. Parmi ces immeubles, lieux privilégiés de rencontres et d'affaires, Media City Forum a bénéficié des dernières techniques : studio de réception d'émissions satellites, centre de télédiffusion, centre international de presse, vidéodiathèque internationale. C'est un lieu d'activités culturelles, un centre de recherche sur la culture, un espace international, à la fois Maison du Commerce et Palais des Congrès. Osaka est ainsi une métropole informationnelle d'échelle internationale, au cœur d'un marché local de 16 millions d'habitants.

Le développement de l'économie informationnelle est soutenu au Japon par l'implantation de systèmes de communication dans 24 technopôles (programme de 1983), un plan du ministère des Postes et Télécommunications pour 64 villes, l'équipement de 3 téléports (Yokohama, Tokyo, Osaka).

Les technopôles ne transforment pas la carte des grandes métropoles mondiales. Les espaces technopolitains s'inscrivent au niveau supérieur de l'armature urbaine des pays d'économie avancée dont ils confirment finalement la prééminence. Ils peuvent participer cependant à un effort de redéploiement industriel, par les hautes technologies, la recherche scientifique appliquée, la formation supérieure et les services, en faveur d'anciennes zones périphériques.

CONCLUSION

Peut-on suggérer, en schématisant les apports historiques, plusieurs temps du phénomène urbain ? Ainsi, après la *cité* médiévale, qui inscrivait l'organisation urbaine en un tissu urbain serré limité par un système de murailles et contrôlé par des institutions communales ou religieuses, après la *ville industrielle*, dont les banlieues absorbaient d'autres dimensions démographiques et révélaient de nouveaux acteurs économiques pour d'autres rapports sociaux, la croissance démographique et économique qui s'est poursuivie au XXe siècle a multiplié dans les pays avancés les *agglomérations* millionnaires organisées pour l'automobile en zones fonctionnelles spécialisées (industrielles ou tertiaires, commerciales ou résidentielles) : nouvelles formes de ségrégation sociale, mais une mobilité spatiale des habitants généralisée par l'automobile, nouveau dynamisme socio-économique, mais une ampleur sans précédent des problèmes urbains (congestion, pollution, surcoût).

Nous assistons peut-être aujourd'hui à l'émergence des formes polycentriques de la métropolisation. On ne peut plus parler d'organismes urbains isolés. Les plans radioconcentriques s'inscrivent dans des *régions de villes* où les formes d'exurbanisation débordent en nébuleuses les zones coalescentes de périurbanisation. Les phénomènes de métropolisation et de régionalisation se rejoignent pour définir des ensembles polycéphales.

Retenons aussi de l'histoire d'intéressantes inversions de valeur dans la hiérarchie des lieux. On a compris le déplacement du centre de gravité économique de l'Europe du monde méditerranéen vers l'Atlantique et la mer du Nord, le déclin de Venise ou de Gênes et l'émergence d'Amsterdam. On a décrit aussi la montée des capitales au sein de l'Europe classique, surtout Londres et Paris.

Mais on a pu dire aussi « la très grande inertie des armatures urbaines, la lenteur des modifications du rang des villes dans les hiérarchies régionales, nationales ou européennes et la rareté des basculements qui en modifient les équilibres, puisque par exemple il a fallu plus de cinq siècles, entre 1300 et 1800, pour déplacer de l'Italie du Nord à la Grande-Bretagne les foyers principaux du pouvoir économique et politique. » (Sallez, 1993).

Le XIXe siècle industriel a apporté de nouvelles formes et une autre échelle d'urbanisation, mais n'a pas bouleversé fondamentalement le haut de la hiérarchie métropolitaine en Europe, malgré l'importance nouvelle qu'ont pris la Ruhr et le Randstad. Mais jamais de simples villes industrielles n'ont pu parvenir véritablement au premier rang.

Berlin réunifiée : une nouvelle métropole à vocation internationale en Europe centrale

L'union monétaire (1er juillet 1990), la chute du Mur le 9 novembre 1989 et enfin l'unification allemande le 3 octobre 1990 scellent le sort de Berlin comme symbole d'une nation retrouvée alors que paradoxalement l'unification communautaire s'accélère en niant les réalités nationales... Le transfert du Bundestag s'opérera sur quatre ans et celui du gouvernement sur douze ans, afin de préparer la ville à ses nouvelles fonctions et d'échelonner les dépenses induites (760 millions de DM de déménagement) alors que le Bundesrat reste à Bonn.
Le 11 décembre 1991, le Conseil des ministres partage les responsabilités gouvernementales entre Bonn et Berlin. Les principales fonctions politiques, législatives et diplomatiques y sont déplacées : chancellerie, services de presse et d'information, grands ministères classiques (Affaires étrangères, Intérieur, Justice, Économie, Équipement, Famille), Bundestag... y transfèrent 62 % de leurs effectifs, ainsi qu'une partie des ministères du Travail, des Transports, des Femmes et de la Jeunesse...
Cette délocalisation majeure oblige les sièges des partis politiques, les ambassades, la presse et les lobbies, particulièrement nombreux et incontournables en Allemagne, à suivre le gouvernement.

Source : L. Carroué, *Annales de géographie*, mars-avril 1993, n° 570, pp. 113-129.

Une des grandes métropoles industrielles, technologiques et scientifiques d'Europe

Berlin est aussi pour les firmes multinationales européennes et occidentales (USA et Japon) un nœud d'accès privilégié pour l'accès à l'Est. L'unification entraîne un glissement du centre de gravité économique et industriel de la CEE vers l'Allemagne.
En effet Berlin se retrouve avec la chute du Mur au cœur de la nouvelle dynamique européenne en émergence qui dépasse la petite CEE pour intégrer à la fois un espace alpin (Autriche et Suisse), un espace nordique rénové dont témoigne la constitution d'un Conseil baltique en 1992, et à l'Est tous les anciens pays du COMECON en pleine réorganisation dont certains demandent leur adhésion à la CEE (Pologne, Tchécoslovaquie, Hongrie). Elle renoue sur des bases politiques et géo-stratégiques complètement nouvelles avec sa zone d'influence d'avant 1945 en devenant une base avancée pour la conquête de l'Est par les firmes multinationales occidentales. Comme le déclare son maire E. Diepgen, « Berlin est la ville la plus à l'est de l'Europe occidentale et la ville la plus occidentale de l'Europe de l'Est... »

Source : L. Carroué, *Annales de géographie*, mars-avril 1993, n° 570, p. 120.

Paris reste la capitale mondiale de la culture, Londres celle de la mode et de la finance. Les deux continuent de commander en partie à leur empire. Vienne fête la musique et l'architecture nouvelles. Après 1860, Moscou commande à toute la Russie jusqu'à Vladivostok.

Le fait nouveau essentiel reste l'émergence des États-Unis comme grande puissance et la prééminence prise sur la Grande-Bretagne à partir de 1890. Boston, New York, Pittsburgh et Chicago concentrent alors les capitaux des grandes compagnies industrielles du Nouveau Monde.

Les bouleversements de l'histoire politique ont eu peut-être plus d'influence sur le classement des grandes métropoles mondiales que les évolutions économiques. Les deux derniers siècles donnent des illustrations intéressantes. En 1815 triomphe à Vienne la Sainte-Alliance des monarques contre l'Europe des nations ; Vienne et Londres écrasent Paris. L'issue de la Première Guerre mondiale est la revanche de 1815, avec l'effondrement de quatre empires (allemand, austro-hongrois, russe, ottoman).

La géopolitique contemporaine transforme la réalité sous nos yeux avec encore plus de brutalité. Elle laisse deviner au sein de l'Union européenne un déplacement vers l'Est du centre de gravité des influences et des pouvoirs, l'émergence politique probable de Berlin, la montée de la place financière de Francfort, siège de la future Banque centrale européenne ; à terme le renouveau de Vienne ; plus tard de Varsovie, Budapest et Prague et le retour possible de Moscou.

La fin des Habsbourg et la balkanisation de l'Europe centrale réduisaient en 1918 l'influence de Vienne à la dimension d'un État nain, plaçant la métropole en porte à faux sur la vie nationale. « Le reflet de la vie artistique et intellectuelle d'antan reste brillant, avec l'Université et les écoles de théâtre, de musique et d'art, qui attirent bon nombre d'étrangers. C'est dans le domaine du tourisme et de la culture que survit un rôle international qui, pour les activités contemporaines, ne se manifeste guère que dans le siège de l'Agence atomique internationale, menant au demeurant une existence assez effacée » (Gabert et Guichonnet, 1965). Observons cependant que le centre de l'Organisation des Nations unies à Vienne a été installé en 1979 dans un complexe de bureaux de 80 000 m^2, que l'Agence internationale de l'énergie atomique emploie près de 1 600 agents, et l'Organisation des Nations unies pour le développement industriel, renforcée en 1985, plus de 1 200. La ville a fixé encore quelques autres institutions spécialisées des Nations unies : contrôle international des drogues, centre pour le développement social et les affaires humanitaires, un bureau de liaison de l'UNRWA (Office de secours et de travaux pour les réfugiés de Palestine). La position stratégique de Vienne donne à la ville un rôle géopolitique évident, comme en témoigne le nombre de conférences internationales qu'elle a abritées.

Berlin, nouvelle capitale du pays le plus puissant de l'Europe, prend évidemment une bonne place dans la concurrence qui anime les grandes métropoles mondiales. La région urbaine, qui représentait plus de 4,5 millions d'habitants lors de la destruction du Mur, connaît depuis une vive croissance et sa population pourrait dépasser les 7 millions en 2000 ou 2010. Sa puissance économique s'affirme aussi avec une spécialité forte dans la construction électrique, électronique et informatique. C'est un des premiers centres universitaires allemands, un pôle de la recherche appliquée, « une des principales concentrations mondiales en robotique, avec plus de 1 000 chercheurs. » (Carroué, 1993). Cette dynamique accompagne plusieurs transferts ou délocalisations techniques et industrielles, parfois aux dépens de Cologne ou de Munich, de Paris ou de Grande-Bretagne. Elle se traduit sur le marché de l'immobilier d'entreprise qui connaît une poussée exceptionnelle de la demande.

TROISIÈME PARTIE

Fonctions et équipements majeurs

7. Le pouvoir d'entreprendre 105

8. L'organisation de la consommation 121

9. Le contrôle de l'information et de la communication 131

INTRODUCTION

La métropolisation de l'économie accompagne l'internationalisation des échanges. Notons que le volume du commerce mondial a été multiplié par plus de 400 entre 1780 et 1980, quand celui de la production croissait moins de 30 fois. C'est dire que la part de la production de chaque pays qui doit s'intégrer dans les échanges internationaux s'est considérablement accrue. Le phénomène a pris plus d'ampleur depuis 1948, avec le développement de la coopération économique internationale, une évolution institutionnelle favorable à une libéralisation progressive de l'économie, une réduction sensible des coûts des transactions mondiales, enfin, effet et cause à la fois, la multiplication des services relatifs au financement et à l'assurance des opérations du commerce international.

Depuis 1973, la valeur des échanges de services progresse plus vite que celle des échanges matériels. Par services, il faut entendre tous les invisibles, notamment le mouvement des capitaux qui a pris une ampleur considérable, sans rapport avec la balance commerciale, et les produits culturels de la presse, de l'édition, du cinéma, de la télévision, de la publicité et des arts.

Le rôle croissant des services dans le commerce extérieur des pays industriels tient peu au poids des transports qui domine toujours, certes, mais qui se réduit dans une économie qui s'immatérialise – 1973 a bien fermé pour les pays riches l'époque d'une économie de tonnage ; il relève en revanche du rôle grandissant des services factoriels de savoir (brevets) et de conseil.

Ces échanges sont organisés de plus en plus à partir des grandes métropoles mondiales qui mobilisent les potentialités du marché des capitaux, les capacités des maîtres d'ouvrage et des maîtres d'œuvre, les savoirs et qualifications. C'est le pouvoir d'entreprendre.

C'est aux places d'affaires d'organiser les flux de répartition et de distribution des marchandises. Les ports, les gares, les aéroports maillent ainsi l'espace commercial. La métropole est aussi une vitrine (salons, expositions, foires) où se jouent tous les effets de démonstration et d'imitation qui lancent les modes.

Dans ce système, les métropoles mondiales apparaissent comme des lieux de représentation de l'économie-monde.

7

Le pouvoir d'entreprendre

La capacité d'entreprendre implique la réunion de capitaux, d'un savoir-faire, d'un maître d'ouvrage pour prendre les risques. Cette synergie est liée par les grandes métropoles mondiales et s'exerce à l'échelle internationale entre les grandes puissances économiques.

L'internationalisation des échanges touche depuis 1960 les services économiques stratégiques. Les spécialistes de la géographie des services aux entreprises ont observé que les établissements tertiaires (les banques, les compagnies d'assurances, les sociétés d'ingénierie, les divers consultants) ont d'abord accompagné leurs clients sur leurs marchés étrangers. Aujourd'hui se développe une stratégie d'essor international des entreprises de service, conduisant à une multinationalisation des sociétés.

1. La maîtrise des capitaux

L'internationalisation de l'économie implique des formes d'intégration financière qui font appel à des montages parfois fort complexes. Se développe dans les firmes une stratégie de croissance externe, par prises de participation ou achats d'unités complémentaires, qui compose progressivement des ensembles d'activités plus ou moins liées. Les espaces organisationnels, espaces d'organisation des structures économiques des firmes et groupes multinationaux, sont dessinés par les places d'affaires mondiales, en termes d'achats, de fusions, d'absorptions, de ventes.

C'est dans les capitales mondiales des affaires que les directeurs généraux des grandes sociétés de capital-développement doivent rencontrer leurs actionnaires. Les investisseurs institutionnels fonctionnent aussi à cette échelle de relations. L'épargne s'avère aujourd'hui délocalisée, apatride, et doit être cherchée sur les places mondiales, ces quelques lieux privilégiés de la planète capables de mobiliser rapidement la masse des liquidités nécessaires aux grandes entreprises.

Un nouveau classement des villes européennes

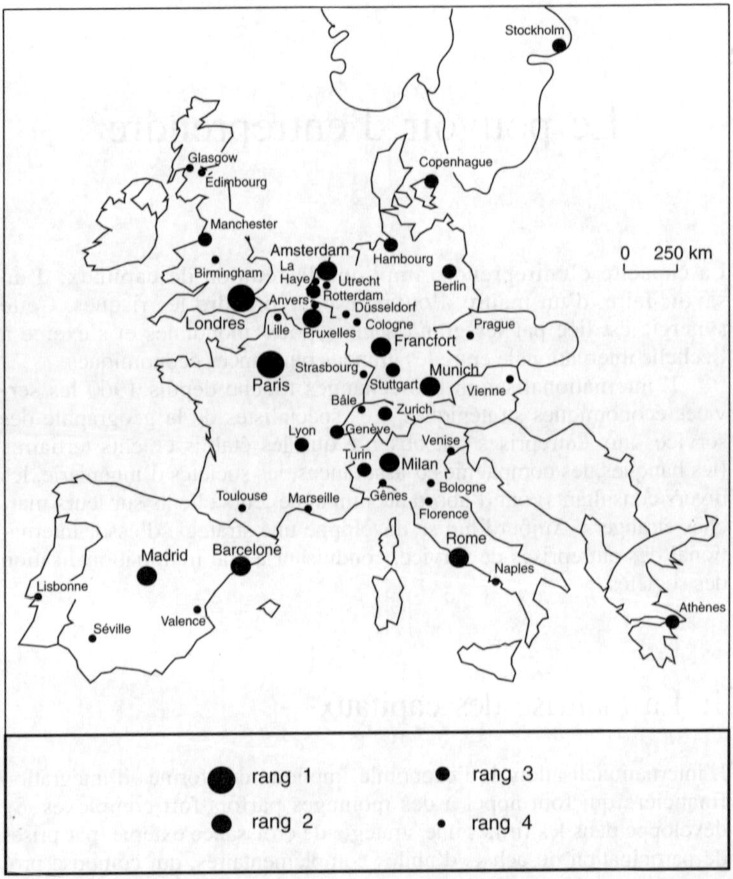

Ce classement a été effectué suivant 16 critères économiques, démographiques et culturels, correspondant à plus de 100 indicateurs ; les villes représentées sont celles qui jouent un rôle international par leur activité et leur renommée.

Source : d'après GIP RECLUS pour la DATAR, 1989, révision et extension de 1993, R. Brunet, in *Visages de la France, contribution au débat national sur l'aménagement du territoire*, La Documentation française, décembre 1993.

L'internationalisation de l'économie

L'internationalisation de l'économie a accompagné une ouverture des systèmes financiers des nations capitalistes sur l'extérieur qui s'est traduite par la libre convertibilité et la mobilité extrême des monnaies. La déréglementation a gommé la distinction entre les dépôts à vue et à terme. L'avènement de la monnaie électronique a contribué à transformer la nature de la monnaie et suscité de nouveaux moyens de paiement. On a noté une explosion des liquidités.

Autre évolution : « Le travail des organismes spécialisés dans les opérations de change s'est beaucoup accru, vers la fin des années cinquante, en raison de la rapide progression du marché des euromonnaies, suscité par l'acceptation et le prêt de dépôts libellés en monnaies étrangères. Du coup se sont peu à peu multipliés les emprunts internationaux en eurodevises, traités sur un marché hors cote de Londres, Luxembourg ou Zurich tenu par de grandes maisons américaines ou européennes » (Labasse, 1974). L'euromarché regroupe les opérations financières transnationales qui échappent aux réglementations du pays émetteur. C'est un marché interbancaire international et autonome par rapport aux autorités monétaires. On connaît le succès des « xénomonnaies » détenues par les non-résidents des pays émetteurs : dollars acquis par des banques exerçant leurs activités en dehors du territoire américain, en Europe ou en Asie, et utilisés pour octroyer des prêts à court terme à des emprunteurs divers ; eurodollars alimentés d'abord par les placements des Soviétiques hors des États-Unis, pendant la guerre froide, auprès de la Banque commerciale pour l'Europe du Nord à Paris, à partir de Londres pour la Moscow Narodny Bank, multipliés ensuite par les sorties de la monnaie américaine en proportion du déficit du commerce extérieur des États-Unis ; asian-dollars nés en 1968 d'une initiative de la filiale de la Bank of America à Singapour. La réglementation américaine qui limite la rémunération des dépôts bancaires aux États-Unis a incité les détenteurs de dollars à placer leurs ressources ailleurs.

Ces marchés financiers concernent de très grosses opérations, dont les trois quarts sont interbancaires et une grande partie spéculative. On a parlé de marchés financiers dématérialisés. L'argent se déplace en effet très rapidement autour du globe, se jouant des frontières et des distances, sans support géographique spécifique, avec l'appui d'une technologie de l'information immédiate, en temps réel.

Le marché boursier peut travailler dans les mêmes conditions ; ainsi, à New York les transactions s'effectuent par téléphone, télex, écran de terminal, à travers des réseaux élaborés associant télécommunications et informatique.

On a parlé d'une économie financière déconnectée de l'économie réelle, car les échanges financiers mondiaux représentent près de

Les dynamiques urbaines en Europe

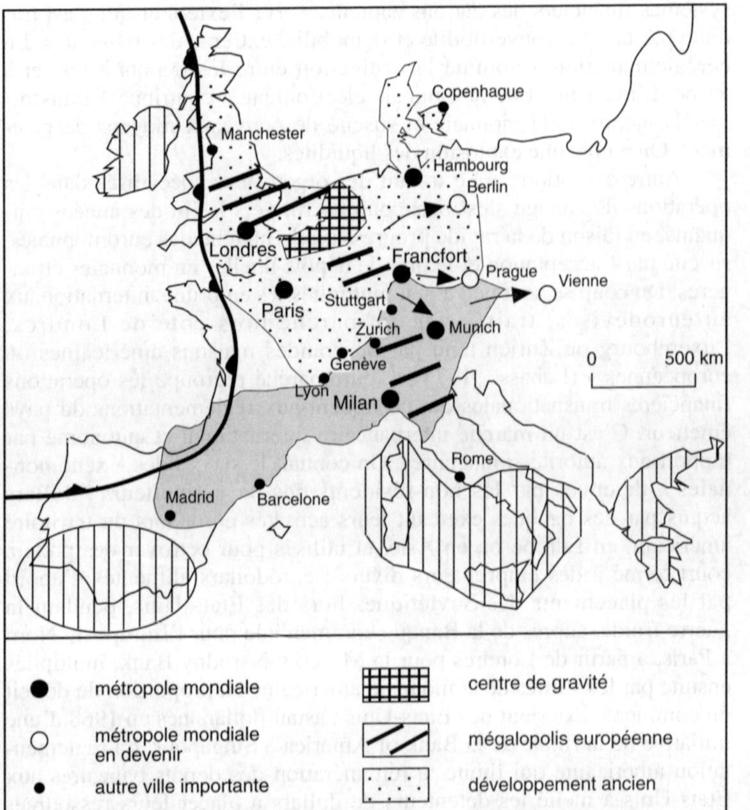

40 fois le niveau des échanges commerciaux. Chaque fois qu'il s'échange dans le monde pour un dollar de marchandises, il s'échange 40 dollars sur le marché financier.

C'est dire que l'on achète ou vend des monnaies pour elles-mêmes. Cela dit, ces flux financiers peuvent correspondre aussi à des crédits d'investissement, à des montages de prises de participation ou à des opérations de fonds propres.

Les développements d'une monnaie apatride, échappant à toute forme d'intervention étatique, l'anonymat des marchés, la délocalisation et la déréglementation des opérations financières, bancaires ou boursières, ont sans aucun doute réduit l'efficacité des politiques économiques nationales. Cette « privatisation » et cette internationalisation de l'économie réelle se traduisent en termes géographiques par un affaiblissement du rôle économique des capitales nationales et par une concentration des affaires mondiales sur un nombre plus limité de places internationales.

L'ancrage métropolitain des flux financiers

Quoi qu'il en soit, la circulation des capitaux reste orchestrée par des villes, des zones, des marchés, qui donnent à ces flux immatériels une signification géographique. En Europe, Londres, puis Paris, Zurich, Francfort, Amsterdam, en Asie, Tokyo et Singapour, en Amérique, New York, sont les places cambistes les plus actives sur le marché monétaire ; elles impulsent toutes les transactions sur les devises décidées par les banques, les maisons de courtage, les entreprises multinationales, en quête de sécurité et de positions rémunératrices. On considère que près de 70 % au minimum du marché des eurodollars à court terme sont animés par Londres. « Si l'on met en jeu arithmétiquement et à égalité trois critères de comparaison – dépôts des non-résidents, implantation des banques étrangères, participation au marché de l'eurodollar –, on aboutit à la conclusion que Londres "vaut" environ cinq fois Paris comme foyer d'activité internationale » (Labasse, 1974).

Le phénomène moteur essentiel est depuis 1980 l'explosion des investissements directs japonais dans le domaine des services, principalement dans le secteur de la finance et de l'assurance. Cette tendance traduit évidemment la capacité du Japon à devenir l'un des principaux acteurs dans ce domaine et le souci des banques et maisons de titres japonaises de se placer sur les principales places financières dans le monde. Les États-Unis, les pays en développement d'Asie et d'Amérique latine orientent la majeure partie de cet effort. Par ailleurs, la Bourse de Tokyo – ou Kabuto-Cho – capitalise plus que toutes les Bourses européennes. Elle détient la deuxième place au monde sur le marché des actions. La part des investisseurs étrangers y progresse lentement, mais régulièrement.

La City ouverte aux firmes étrangères

En l'espace de quelques mois, la déréglementation aidant, l'ouverture aux capitaux extérieurs a permis à de grands noms américains et japonais, déjà présents sur l'euromarché – le fleuron de l'activité financière londonienne –, de prendre pied au Stock Exchange et sur l'ensemble des circuits financiers, désormais ouverts à tous, qu'ils soient britanniques ou non. Dès le début des années 80, les banques d'affaires américaines (Morgan Stanley, Goldman Sachs, Drexel Burnham Lambert, Merril Lynch...) avaient commencé à jouer la carte londonienne en mettant l'accent sur une « financiarisation » croissante des activités qui leur avait si bien réussi à New York. Plutôt que de bâtir de toutes pièces une structure propre, ces établissements, imités par les autres, ont préféré acquérir le savoir-faire britannique en rachetant des maisons locales dont la capacité de résistance à l'offensive étrangère était amoindrie par la faiblesse de leurs fonds propres. Les grands noms de la City, jusque-là aux mains de partenaires et de capitaux britanniques, ont porté tour à tour l'estampille made in USA, quand ils ne tombaient pas sous une bannière canadienne, suisse, voire française.

Source : S. Marti, *Le Monde*, 21 octobre 1986.

Londres, plaque tournante des pays de l'Est

Recensant toutes les compétences nécessaires, la City est devenue le cœur des opérations financières pour l'Europe orientale.

Alors que la Grande-Bretagne occupe une place relativement peu importante dans le commerce Est-Ouest, que ses industriels ne participent guère aux grands projets réalisés sur place par les Occidentaux, le plus ancien et le plus important centre boursier européen est devenu l'ombilic financier des nouvelles démocraties. Conseils en privatisation, aide aux investisseurs occidentaux, assistance aux nouveaux gouvernements... on ne compte plus les contrats négociés dans cette enclave de 300 hectares où l'on ne cesse de brandir les cartes de la mutation capitaliste... « Quand nous avons décidé de mettre tout le paquet sur l'Est, certains voulaient s'installer sur place, à Budapest, ou pas très loin, à Genève, à Francfort ou à Vienne. Il a fallu rapidement se rendre à l'évidence : pour être dans le coup, il faut être londonien », proclame un responsable de la filiale du groupe helvético-américain Crédit Suisse-First Boston. La City peut en effet se targuer de la plus forte densité planétaire d'institutions commerciales. Ses instruments financiers sophistiqués offrent toute la palette des services : maisons de courtage, banques étrangères (plus de 520 provenant de 72 pays), assurances, marchés de matières premières, fonds communs de placement à l'échelle de l'Europe... Son appareil financier, parfaitement rodé grâce à l'expérience acquise lors des dénationalisations et des fusions-acquisitions de l'ère Thatcher, sait tirer profit des richesses d'autrui, en l'occurrence celles qu'engendre l'émergence des marchés est-européens, avec leur 320 millions de consommateurs...

Source : M. Roche, *Le Monde*, 27 avril 1993.

Malgré les impressionnants surplus japonais, la supériorité internationale de New York sur le marché global des capitaux reste incontestable. Elle tient à la masse confondue des ressources internes et externes. Les capitaux affluent sur la place à la fois de l'ensemble du territoire états-unien et de toutes les autres grandes métropoles mondiales, en raison de la multiplicité exceptionnelle des activités et des institutions financières qui ont fixé là le premier centre international d'opérations commerciales, et en liaison avec le poids de l'Amérique dans les décisions politiques et économiques d'échelle internationale. New York localise les sièges de plusieurs des organismes internationaux qui distribuent les fonds d'assistance et dont les États-Unis alimentent l'essentiel des ressources. Elle organise ainsi la circulation des crédits et investissements vers les pays du tiers monde, en particulier l'Amérique latine, et vers les nouveaux pays industriels, notamment Taiwan.

L'ancrage urbain des activités financières se révèle dans les statistiques de l'emploi. Les professions groupées sous la rubrique « finance-banque-assurance » représentent habituellement entre 1 et 2 % de la population active des villes de plus de cent mille habitants, pour s'élever aux alentours de 4 % dans les capitales et dépasser ce chiffre dans certaines métropoles spécialisées, telles Genève ou Zurich. Les fonctions financières animent aussi les activités de l'immobilier d'entreprise dans les quartiers centraux des grandes métropoles mondiales. Ceux-ci agglomèrent les pôles financiers de décision, à travers les ministères, les instituts d'émission, les directions des réseaux bancaires, les sièges sociaux des entreprises qui impulsent les plus gros chiffres d'affaires.

2. Invention, recherche, formation

Partout dans les pays industriels s'accroît la part des exportations de produits à haute densité de recherche et développement dans les exportations manufacturières. Celle-ci représente plus de 30 % aux États-Unis, plus de 20 % au Japon et 18 % en Europe. Le fait souligne l'importance des services à fort contenu technologique, liés aux activités industrielles de pointe.

Le Japon dépose en moyenne annuelle plus de 10 000 brevets en Europe et l'Europe près de 4 000 brevets au Japon ; les États-Unis près de 20 000 brevets en Europe et l'Europe 13 000 aux États-Unis ; le Japon 12 000 brevets aux États-Unis et les États-Unis près de 5 000 brevets au Japon.

La recherche scientifique et technique s'avère très concentrée géographiquement dans quelques pays riches : près d'un million de chercheurs aux États-Unis, 600 000 au Japon, 180 000 en Allemagne,

Le profil international des villes modernes

Les traits des villes internationales :

1. Elles accueillent des facteurs de production en provenance de l'étranger (investissement étranger, main-d'œuvre étrangère) et des flux de commerce (marchandises et services).

2. Elles sont l'hôte d'institutions étrangères et internationales (entreprises, banques et autres institutions socio-économiques, y ayant leur siège ou des filiales et succursales ; organisations internationales – y compris des organismes non gouvernementaux ; institutions scientifiques étrangères – écoles, universités... ; consulats et autres représentations diplomatiques et paradiplomatiques étrangères...).

3. Elles exportent des facteurs de production (entreprises, banques, autres institutions socio-économiques, culturelles ou scientifiques).

4. Elles sont directement reliées, par des moyens de transport et de communications en général, avec l'étranger (système autoroutier, maritime, fluvial, ferroviaire, aéroports internationaux ; liaisons de télécommunications...).

5. Elles ont des communications sociales importantes avec l'étranger (de tourisme, postales, téléphoniques...).

6. Elles ont un secteur de services tourné vers l'international et offrant un système de soutien aux acteurs étrangers ou internationaux (palais des congrès, centres d'expositions, grands hôtels, écoles internationales, bureaux de professions libérales à dimension internationale, grands bureaux de droit international, d'arbitrage international, institutions scientifiques internationales ou fréquentées par des étrangers...).

7. Elles ont des mass media d'un rayonnement international (journaux, magazines, radio, télévision).

8. Elles accueillent de façon régulière des rencontres et autres types d'activités internationales (congrès, expositions, festivals, rencontres sportives, activités artistiques...) ou venant de l'étranger (troupes théâtrales étrangères...).

9. Elles abritent des institutions nationales, régionales ou locales spécialisées dans le domaine des relations internationales et de réputation internationale (associations et autres clubs de relations internationales...).

10. Elles déploient une paradiplomatie urbaine (municipale ou privée), appuyée sur des services spécialisés de relations internationales. Elles ont des ententes (accords, protocoles, jumelages...) avec des acteurs étrangers et participent à des réseaux internationaux de villes ou d'institutions de villes.

Source : d'après P. Soldatos, *La Nouvelle Génération de villes internationales*, université de Montréal, novembre 1987.

130 000 en Grande-Bretagne et en France. Le classement des pays honorés par des prix Nobel scientifiques (chimie, physique, médecine) est un peu comparable, Japon en moins, Suède, Suisse et Russie en plus. Dans ces disciplines, en particulier en physique, la recherche et ses résultats doivent s'appuyer sur de gros équipements, tels les accélérateurs (cyclotron, synchrotron) : Orsay, Saclay, Caen, Genève, Grenoble, Hambourg... en sont équipées.

Aux États-Unis, les investissements scientifiques et techniques dans les industries de haute technologie ont favorisé la région métropolitaine de Boston, avec les universités prestigieuses de Harvard, de Princeton, le Massachusetts Institute of Technology (MIT), la grande région urbaine de San Francisco, autour de la Silicon Valley, avec comme foyer initial l'université de Stanford à Palo Alto (Stanford Industrial Park, dans le comté de Santa Clara), la Caroline du Nord (Research Triangle Park Raleigh-Durham-Chapel Hill), Dallas-Austin et Houston (Texas Medical Center) où les capitaux investis proviennent du pétrole et de l'immobilier en crise. La Californie consomme le quart des fonds fédéraux alloués à la recherche-développement. Les principaux centres de recherche bénéficient d'énormes budgets annuels : Lawrence Livermore National Laboratory de plus de 800 millions de dollars, Electric Power Research Institute de 300, université de Stanford de 200, Lawrence Berkeley Laboratory de 160, Stanford Liner Accelerator (SLAC) de 150... (au total plus de 2,3 milliards pour l'ensemble des États-Unis).

Les industries de haute technologie, la recherche scientifique et technique, la formation universitaire de haut niveau demeurent aux États-Unis comme ailleurs des phénomènes métropolitains. On parle parfois de la localisation des établissements universitaires, des sièges sociaux des entreprises multinationales ou des laboratoires scientifiques dans des petites villes ; mais la répartition des établissements doit être considérée à l'échelle des grandes aires métropolisées dans lesquelles se positionne leur fonctionnement réel. Le nord-est du pays reste dominant dans cette géographie, car il concentre les sièges sociaux, les laboratoires, l'appareil de conception et de décision des firmes, il bénéficie d'une incomparable base bancaire, commerciale et universitaire. L'industrie high tech s'est épanouie dans les aires métropolitaines majeures dotées d'une infrastructure d'affaires bien développée (*Villes et Technopoles,* 1990).

Localisation des sièges sociaux des grandes entreprises européennes

PAYS	Villes	Localisation des sièges sociaux des premières entreprises industrie-commerce	Localisation des sièges sociaux des compagnies d'assurances	Localisation des sièges sociaux des premières banques
PAYS-BAS	Amsterdam	16 / 70	13 / 63	15 / 30
	Rotterdam	16 / 70	11 / 63	3 / 30
	La Haye	5 / 70	8 / 63	6 / 30
	Utrecht	4 / 70	10 / 63	4 / 30
ALLEMAGNE	Hambourg	20 / 143	2 / 11	4 / 50
	Francfort	18 / 143	1 / 11	12 / 50
	Munich	11 / 143	4 / 11	6 / 50
	Cologne	10 / 143	3 / 11	2 / 50
	Düsseldorf	13 / 143	1 / 11	6 / 50
	Stuttgart	7 / 143	1 / 11	3 / 50
SUISSE	Zurich	14 / 50	9 / 25	9 / 40
	Bâle	8 / 50	5 / 25	3 / 40
	Lausanne	3 / 50	2 / 25	2 / 40
	Genève	2 / 50	2 / 25	6 / 40
FRANCE	Paris	143 / 200	84 / 114	45 / 75
	Lille	11 / 200	11 / 114	3 / 75
	Lyon	8 / 200	2 / 114	3 / 75
	Strasbourg	7 / 200	7 / 114	4 / 75
ROYAUME-UNI	Londres	85 / 100	20 / 30	27 / 34
	Manchester	1 / 100		2 / 34
	Birmingham	2 / 100		
	Glasgow	2 / 100	3 / 30	2 / 34
ESPAGNE	Madrid	118 / 200	56 / 117	14 / 35
	Barcelone	47 / 200	48 / 117	7 / 35
ITALIE	Milan	104 / 229	1 / 10	23 / 108
	Rome	27 / 229	2 / 10	12 / 108
	Turin	46 / 229	3 / 10	10 / 108

Source : *Fonctions financières, comparaisons européennes*, rapport pour la DATAR de E. Froment et M. Karlin, 1988-1990.

3. Maîtres d'ouvrage et maîtres d'œuvre

L'ingénierie des équipements

Les espaces organisationnels des affaires internationales sont structurés également par les principales sociétés d'ingénierie fournisseuses d'équipements clés en main, qui impliquent la mobilisation de moyens considérables, par de savants tours de table montés dans les grands pôles financiers mondiaux. Les premières et les plus grandes firmes d'ingénierie sont américaines. La profession a commencé en effet ici au début du XXe siècle, en participant à la construction de raffineries de pétrole et de complexes chimiques. Elle s'est développée pendant le « New Deal » et la Seconde Guerre mondiale, avec les commandes de l'État fédéral. Aujourd'hui, 43 firmes multinationales américaines de l'ingénierie réalisent 35 % des contrats mondiaux, à partir de New York, Los Angeles, Chicago, Houston, Pittsburgh, Philadelphie, San Francisco, Dallas, Atlanta essentiellement. Les sociétés japonaises représentent 15 % du marché. La France est bien placée (avec Bouygues, les Grands Travaux de Marseille, Technip) et compte pour 8 % des marchés mondiaux. Ici, Paris concentre presque seule toute l'activité : 78 % des sièges des sociétés d'ingénierie, 87 % pour les entreprises de conseil en informatique, 85 % pour le conseil en management.

Le fait nouveau est la concurrence de nouveaux pays : la Corée du Sud (7 % du marché mondial), la Turquie, le Brésil, l'Inde, Taiwan. De Bombay à Buenos Aires, en passant par Taipei et Djakarta, les nouveaux marchés progressent très rapidement. L'ingénierie des nouveaux pays industriels s'applique aux marchés d'équipement du tiers monde.

Les grands travaux d'architecture

Les grands chantiers urbanistiques des pays riches donnent une image très classique, c'est-à-dire centralisée, de la hiérarchie métropolitaine.

La géographie de l'architecture contemporaine, par exemple la localisation des œuvres de I.M. Peï, reproduit la carte des capitales politiques et culturelles (Tokyo, Paris) et des métropoles économiques (aux États-Unis). Elle anticipe dans les villes stratégiques du Sud-Est asiatique, notamment à Singapour ou à Hong Kong, la nouvelle géographie des affaires.

Aucune capitale au monde n'a jamais entrepris un programme architectural d'une envergure aussi exceptionnelle que Paris en cette fin de XXe siècle : Centre Georges-Pompidou, par Piano et Rogers, le monument le plus visité de France ; Cité des Sciences et de l'Industrie de la Villette, par Fainsilber, qui a ouvert ses portes en 1986 ; l'Arche de La Défense, projet de Von Spreckelsen, réalisé par Andreu ; pour-

La Défense, pôle européen

Cet article reprend parfaitement au second degré la volonté de prestige qui a présidé au projet. Le volontarisme politique peut remplacer en France la réalité économique, pour promouvoir Paris au premier rang des grandes places d'affaires mondiales. Précisons cependant que l'Exposition universelle de 1989 annoncée ici n'a pas été organisée et que l'Arche n'a pas accueilli de centre international de la communication, mais le ministère de l'Équipement.

Dans six ans, les visiteurs de l'Exposition universelle pourront ajouter à leur programme parisien la visite du plus grand quartier d'affaires jamais construit au monde. Celui de La Défense. C'est à présent une certitude : à moins d'une catastrophe, le Manhattan français sera complètement terminé, dans les délais prévus, c'est-à-dire trente ans exactement après la première coulée de béton.
Dans le prolongement des Champs-Élysées, on apercevra l'immense jeu de dominos noir et blanc et, tout au fond, comme un nouvel arc de triomphe, le cube ajouré du centre de la communication. Ce sera le plus colossal exemple d'urbanisme volontaire, le triomphe de l'esprit cartésien. Car tout y a été programmé, calculé, dessiné dans le moindre détail. Sur cette colline autrefois plantée de moulins à vent puis gangrénée par une médiocre banlieue, les aménageurs des années 60, après avoir tout rasé, ont projeté leurs phantasmes à l'américaine : l'argent, l'automobile, le gratte-ciel...

Source : M. Ambroise-Rendu, *Le Monde*, 21 juin 1983.

Le montant moyen des loyers de bureaux dans 11 métropoles (en 1990)

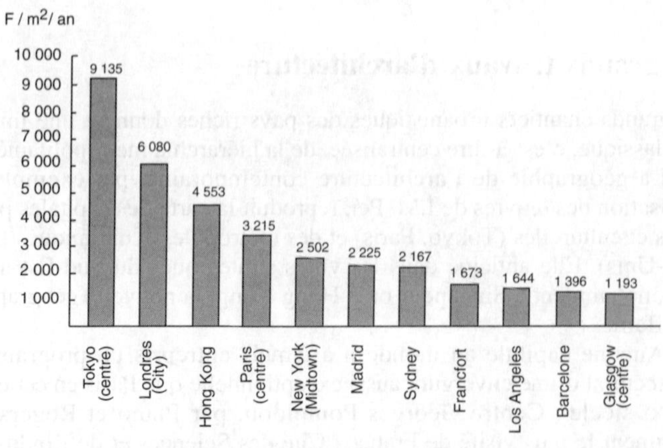

Source : d'après N. Aveline-Dubach, *La Bulle foncière au Japon*, ADEF, 1994.

suite des travaux du plateau des anciennes Halles, avec le Forum de Vasconi et Penchreac'h et le complexe socio-culturel souterrain, réalisé par Chemetov ; Palais omnisports de Bercy d'Andrault et Parat, inauguré en 1984 ; ministère des Finances, avec un héliport intégré, construit par Chemetov en 1987 ; la pyramide du Louvre de Peï, architecte né à Canton qui fut élève du Massachusetts Institute of Technology à Harvard ; l'Opéra-Bastille, de Ott, en 1989 ; l'Institut du monde arabe, par Nouvel ; la réhabilitation de l'ancienne gare d'Orsay en musée du XIXe siècle, par Colboc et Aulenti ; la Grande Bibliothèque de France, dernier des grands travaux annoncés par François Mitterrand, en juillet 1988, projet architectural de quatre tours de 80 mètres, sur 7 hectares, entrepris par Perrault pour 1995... Ces monuments de prestige marquent l'histoire mondiale de l'architecture contemporaine, car ils font appel à des artistes de tous les continents, et par leur taille hors du commun, conçue pour les plus grandes foules. La Géode de la Villette représente la plus grande salle Omnimax du monde, avec un écran de 1 000 mètres carrés ; La Défense couvre une des plus grandes dalles de béton du monde, avec 125 hectares...

Après Paris, Milan est l'une des villes pilotes de la modernité en Europe, l'un des centres les plus actifs de l'architecture contemporaine. Ses grands industriels ont contribué à ce phénomène en optant délibérément pour le design d'avant-garde : palais Olivetti en 1954, tour Pirelli en 1958, Instituto Marchiondi en 1961. G. Ponti, P.-L. Nervi, Renzo Piano dominent une équipe de bâtisseurs moins cosmopolite qu'en France, et pour des œuvres plus fonctionnelles que politiques.

L'architecture américaine est marquée par la dynamique tertiaire et technopolitaine des États-Unis. L'école de Chicago a rythmé les débuts de la métropolisation. La métropole des Grands Lacs, fief de Mies Van der Rohe, a retenu d'importantes œuvres plus récentes : les extraordinaires tours cyclindriques de Marina City, par Bertrand Goldberg, qui a réalisé aussi l'énorme complexe urbanistique de River City ; le quartier Hyde Park de Peï ; le nouveau centre civique de C.F. Murphy ; les immeubles de Harry Weese ; les réalisations de Helmut Jahn... Sur la côte Est, New York, Philadelphie et Washington ont fixé un ensemble prodigieux de gratte-ciel, d'aéroports, de ponts, de bâtiments universitaires et scientifiques.

Le Japon est devenu l'un des pays privilégiés de l'architecture moderne, indique Michel Ragon (1986). Architecture monumentale, comme à Paris, avec les œuvres du plus grand architecte du monde, peut-être : Kenzo Tange, un artiste qui a suivi la classe d'ingénierie de l'université de Tokyo, de 1935 à 1938. La construction du Hall commémoratif de la paix, à Hiroshima (1954), symbolise la renaissance japonaise. Il est l'architecte du gymnase national construit pour les Jeux olympiques de Tokyo, en 1964 ; l'architecte en chef de l'Exposition universelle de 1970 à Osaka. À Tokyo, il a édifié l'hôtel de ville, la

Le quartier de Shinjuku, à Tokyo

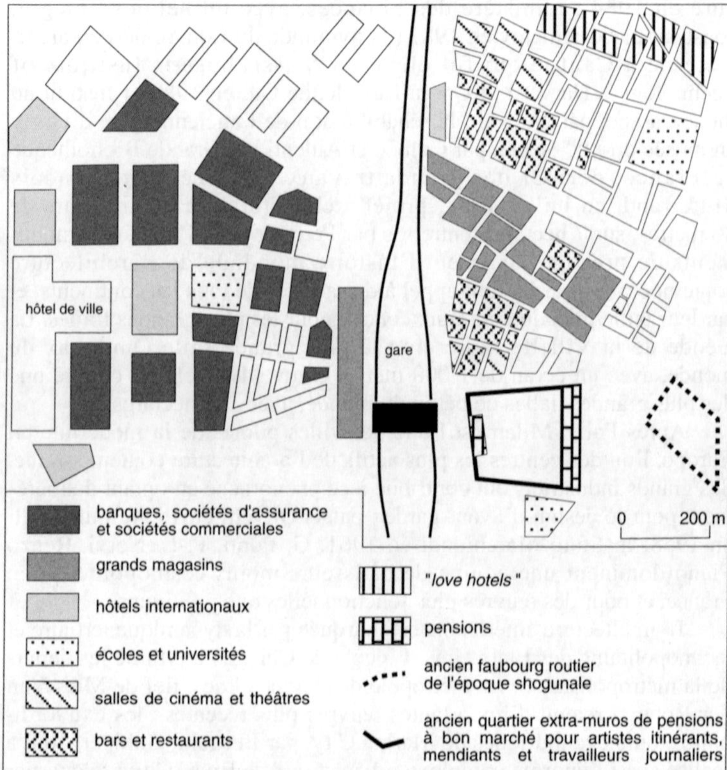

Shinjuku est le deuxième centre de Tokyo. Il est situé au-delà d'un ancien poste routier de l'époque shogunale, établi en 1772, et qui était en fait un quartier animé par la prostitution. Restent les "*love hotels*", les petites pensions, les bars et les restaurants, les cinémas et les théâtres, les cabarets, qui composent un quartier de divertissements nocturnes. La fonction commerçante actuelle s'est développée vers 1920-1930, autour d'une immense gare où se croisent les trains de grandes lignes, de banlieue et de lignes de métros. Le flux des passagers et des trains est le plus important du monde.

Au-delà de la gare, vers l'ouest, a été construit récemment, après 1970, un centre d'affaires moderne, quartier administratif et financier, avec des immeubles de bureaux de plus de quarante étages et le nouvel hôtel de ville, qui ont pris la place d'anciens réservoirs pour le traitement des eaux.

Source : d'après P. Waley, « Symbolic space and urban change in the japanese city », Ph. D., 1994, School of Oriental and African Studies, University of London.

bibliothèque du collège Tsuda, le centre d'art Sogetsu, la cathédrale catholique Sainte-Marie. Véritable urbaniste prospectif, il a proposé pour Tokyo un plan révolutionnaire d'aménagement spatial, Tokyo-sur-Mer, qui dessine un axe central à travers la baie, concentrant toutes les fonctions de la capitale, des voies autoroutières pour un trafic de deux cent mille véhicules, des unités d'habitation pour cinq millions d'habitants, rassemblés en autant d'archipels artificiels !

Le nouveau centre de Shinjuku à Tokyo, rénové par l'architecte Sakakura, représente la plus grande architecture souterraine du monde (Ragon, 1986) : un énorme lieu de rencontre dans la ville, de jour comme de nuit, avec trois gares, cinquante lignes d'autobus et des niveaux différents pour chaque circulation, des liaisons verticales.

Les métropoles mondiales sont des vitrines pour l'avant-garde, qui apportent un effet de démonstration et d'imitation. Ces lieux de création et d'art sont aussi les temples de la consommation.

Le quartier de Shinjuku, à Tokyo.

Les Docklands, à Londres

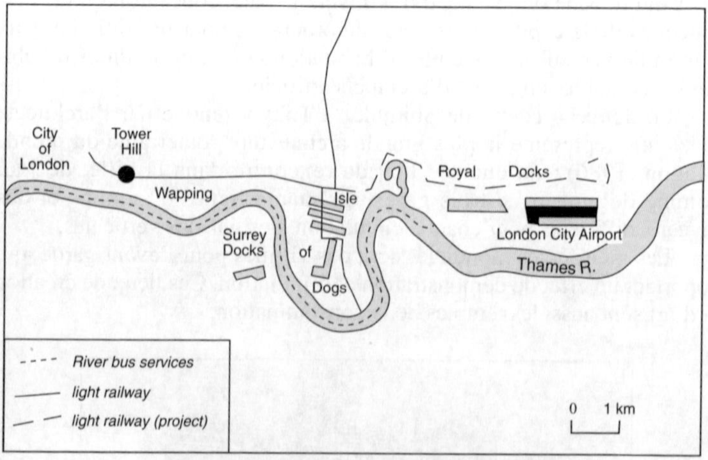

L'opération d'urbanisme a été lancée concrètement par le gouvernement en 1981. La maîtrise du foncier s'est avérée ici totale : propriété publique du sol, maîtrise d'ouvrage confiée à une « development corporation » dotée de pouvoirs importants. En plein East-End, le projet participe à une volonté de rééquilibrage de l'agglomération vers l'est. À côté des immeubles de bureaux, des petites résidences ont été construites le long des quais et des voies piétonnes, donnant un style architectural d'ensemble moins minéral et plus varié qu'à La Défense.

8

L'organisation de la consommation

Le rôle de vitrine est manifeste dans la volonté de prestige démonstratif et le caractère ostentatoire de l'immobilier d'entreprise, dans l'organisation des salons professionnels, des foires internationales et des expositions universelles, pour lesquelles précisément les plus grands architectes nationaux ont travaillé. La folie des grandeurs, qui conduit à certains suréquipements, accompagne la concurrence entre les grandes métropoles mondiales pour développer leur publicité.

Plus simplement, les métropoles millionnaires cherchent à ordonner, répartir et distribuer les énormes flux de marchandises et de visiteurs engendrés par la société de consommation qu'elles animent et suscitent.

1. Un rôle de vitrine

L'activité d'immobilier d'entreprise provoque et traduit à la fois le marketing territorial. Elle vit des opportunités foncières livrées par la désindustrialisation des grandes métropoles mondiales : opération Docklands à Londres, aménagement de Boulogne-Billancourt près de Paris, création du Wold Trade Center sur les quais de New York.

À Barcelone, de nouvelles aires de développement tertiaire ont été programmées, à partir de 1987, à l'emplacement du port : construction (aujourd'hui retardée) d'un centre d'affaires (World Trade Center) avec un palais des congrès et 80 000 m^2 de bureaux sur le Môle de Barcelona d'une part, projet du nouveau port olympique d'autre part, comprenant le réaménagement du bord de mer et la construction d'un hôtel de luxe, à côté de 55 000 m^2 de bureaux. Utilisant la publicité des Jeux olympiques et mettant en œuvre une politique de grands travaux, la municipalité tente, malgré les difficultés financières, de faire de Barcelone un centre de décision européen de l'envergure de Milan ou de Francfort.

Jean Robert a décrit les opérations d'urbanisme tertiaire liées à la rénovation progressive des quinze gares du centre de Londres : zone

Les expositions universelles

Date	Ville	Nombre d'entrées (en millions)	Monuments / Symboles
1851	Londres	6	Crystal Palace
1855	Paris	5,2	Palais de l'Industrie
1862	Londres	6,2	
1867	Paris	15	
1873	Vienne	7,3	
1876	Philadelphie	10	
1878	Paris	16	Trocadéro
1888	Barcelone	1,3	
1889	Paris	32,2	Tour Eiffel
1893	Chicago	27	Palais des Manufactures
1900	Paris	51	Grand-Palais, Petit-Palais, pont Alexandre-III
1904	Saint Louis	19,7	Palais de l'Agriculture
1905	Liège	7	
1906	Milan	7,7	
1910	Bruxelles	6	
1913	Gand		
1915	San Francisco	18,8	
1934	Chicago	39	
1935	Bruxelles	20	Palais des Expositions
1937	Paris	31	Palais de Chaillot
1967	Montréal	50	
1970	Osaka	64	
1993	Séville		

Source : D. et M. Frémy, *Quid*, Éd. Robert Laffont, 1994.

d'aménagement de Broadgate, « opération phare de la City », 400 000 m² en 1989 ; site de King's Cross-Saint Pancras surtout, où 900 000 m² de construction sont prévus, dont 500 000 pour des bureaux, dans un quartier conçu par British Rail pour accueillir la nouvelle gare du train à grande vitesse trans-Manche (in Collectif, 1991).

La rénovation de l'ancien port couvre 1 800 hectares. Ces terrains immenses, à des prix très intéressants et à proximité de la City, ont attiré les investisseurs. C'est là que les journaux nationaux qui ont quitté Fleet Street sont venus s'installer, dans des bâtiments ultra-modernes. On comptait 36 000 emplois dans la zone en 1988, 165 000 sont attendus en 1996. Les difficultés commerciales et financières, une conjoncture particulièrement maussade, la faillite retentissante du principal maître d'ouvrage ont ralenti cependant l'exécution du projet. Autre chantier en cours dans les Docklands, Canary Wharf est financé par une société canadienne qui participe au financement d'une nouvelle ligne du métro du centre-ville jusqu'aux portes de ses tours. Ce nouveau centre d'affaires représente les deux tiers de la surface de bureaux de La Défense.

Les expositions universelles veulent témoigner de la maîtrise technologique et du dynamisme économique des villes et des pays organisateurs. Londres a organisé en 1851 la première grande exposition. Paris a suivi quatre ans plus tard. La soixantaine de manifestations tenues depuis apportèrent aux métropoles d'accueil une consécration internationale comparable à un label ou à un prix : Londres (1851, 1862...), Paris (1855, 1867, 1878, 1889, 1900, 1937...).

Comme le fait remarquer Jacques Pinard (in Collectif, 1991), la localisation des grandes expositions n'est pas fortuite : l'Exposition de Moscou de 1891 accompagne le début de la construction du Transsibérien, l'Exposition de Milan en 1906 marque l'inauguration du tunnel ferroviaire du Simplon et l'Exposition de San Francisco en 1915 commémore l'achèvement du canal de Panama.

Paris garde la première place en Europe pour l'organisation de congrès. La capitale française se place devant Londres, Bruxelles, Vienne, Genève, Berlin, etc. Le Palais des Congrès, construit porte Maillot pour la chambre de commerce et d'industrie, accueille près de 670 congrès par an, dont une soixantaine d'internationaux. Les secteurs d'activité concernés sont essentiellement le médical et le paramédical (30 %), l'électricité et l'électronique (23 %), les services (10 %), les thèmes économiques et financiers (8 %), la presse et l'édition (3,2 %). On estime à plus de 3,5 milliards de francs le volume d'affaires induit par les dépenses des congressistes.

Paris est aussi la capitale qui offre la plus grande surface d'expositions couverte, avec les différentes installations, soit 555 000 m². Le fait entraîne près de 7 millions de visiteurs par an, dans 121 salons. La ville possède une longue expérience des salons spécialisés (l'Automobile en

Paris, terre de rencontres, congrès, salons

Bien avant les grandes expositions internationales de la seconde moitié du XIXe siècle, Paris a organisé d'importantes expositions industrielles et commerciales non internationales : sous le Directoire en 1798, ou le Consulat en 1801 et 1802, pendant le Premier Empire en 1806, et la Restauration en 1819, 1823, 1827, durant la Monarchie de Juillet en 1834, 1839, 1844 et sous la Seconde République en 1849, en même temps que le 3e congrès international de la Paix...
Mais à partir du Second Empire se produit un changement d'échelle. Londres a été en 1851 le siège de la première grande Exposition universelle. Paris organisa la sienne quatre ans plus tard, en 1855, puis quatre autres suivront en 1867, 1878, 1889 et 1900, avec un nombre de visiteurs en six à sept mois allant croissant... De 1855 à 1900, le nombre d'exposants passe de 24 000 (dont 12 000 sont français) à 83 000 (et 38 000 français). Ces grandes expositions ont marqué le paysage parisien, en particulier dans son centre-ouest et le long de la Seine...
En même temps, c'est au début du XXe siècle qu'apparaissent les premiers salons annuels : en 1898 le premier Salon de l'automobile, en 1901 le premier concours Lépine, en 1904 la première Foire de Paris, en 1908 le premier Salon de l'aéronautique, en 1923 le premier Salon des arts ménagers...
Au XXe siècle, le rythme des expositions ou manifestations de grande envergure ralentit : 1924, huitièmes Jeux olympiques, 1925, Exposition des Arts décoratifs, 1931, grande Exposition coloniale à l'occasion du centenaire du début de la conquête de l'Algérie et de la prise d'Alger, 1937, Exposition universelle des sciences et techniques, et plus aucune manifestation importante n'a eu lieu depuis, sauf, en 1989, le bicentenaire de la Révolution française...
Les équipements ont été multipliés récemment. L'exposition de 1900 nous avait laissé le Grand et le Petit-Palais, en 1925 était inauguré le Parc des Expositions de la porte de Versailles. En 1974 est mis en service le Palais des Congrès de la porte Maillot (10 000 places), en 1982 le Parc international d'expositions de Paris-Nord à Villepinte, en 1989 le CNIT rénové, qui avait ouvert une première fois en 1958 et qui offre 4 000 places... Le Parc des Expositions de Versailles, après travaux, atteindra 300 000 m² couverts. Ce sera le plus important d'Europe avec celui de Milan. Villepinte, après la réalisation d'une troisième tranche, offrira une capacité de 164 000 m² pour les foires et salons, et Paris totalisera alors 555 000 m².

Source : J. Bastié, « Paris et l'Île-de-France, terres de rencontres, congrès, salons, tourisme d'affaires, etc. », *Cahiers du CREPIF* (Centre de recherches et d'études sur Paris et l'Île-de-France), avril 1990, n° 30, p. 8.

Les principales villes organisatrices de congrès internationaux

Rang	Villes	Pays	Nombre de congrès internationaux organisés (1990)	Part prise par la ville dans chaque pays (1990)
1	Paris	France	361	47,7 %
2	Londres	Royaume-Uni	268	37,1
3	Bruxelles	Belgique	194	64,0
4	Vienne	Autriche	177	80,8
5	Genève	Suisse	166	52,2
6	Berlin	Allemagne	166	32,9
7	Madrid	Espagne	151	51,4
8	Singapour	Singapour	136	100,0
9	Amsterdam	Pays-Bas	108	28,1
10	Washington DC	États-Unis	101	11,3
11	Strasbourg	France	100	13,2
12	Rome	Italie	91	27,4
13	New York	États-Unis	87	9,7
14	Copenhague	Danemark	85	48,3
15	La Haye	Pays-Bas	83	21,6
16	Tokyo	Japon	81	30,5
17	Stockholm	Suède	80	50,3
18	Hong Kong	Hong Kong	74	100,0
19	Barcelone	Espagne	70	23,8
20	Budapest	Hongrie	69	69,0
21	Rio de Janeiro	Brésil	68	47,9
22	Helsinki	Finlande	67	40,4
23	Seoul	Corée du Sud	60	85,7
24	Manille	Philippines	58	85,3
25	Pékin	Chine	53	62,4
26	Bangkok	Thaïlande	51	78,5
26	Montréal	Canada	51	22,2
26	Buenos Aires	Argentine	51	83,6
29	Oslo	Norvège	50	49,5
30	Prague	Tchécoslovaquie	46	49,5
30	La Havane	Cuba	46	93,9

Source : verwekte gegevens UAI (Bruxelles), P. De Groote, "De internationale congresmarkt", in *Acta Geographica*, Lovaniensia, vol. 33, 1992.

Les principaux aéroports dans le monde

AÉROPORT	Nombre de passagers (en millions)	Frêt (en milliers de tonnes)
NEW YORK	71,6	1 973,9
CHICAGO	69,1	876,8
LONDRES	67,7	1 002,1
TOKYO	64,7	1 768,7
LOS ANGELES	53,1	1 351,5
DALLAS FORT WORTH	51,5	437,2
PARIS	50,4	887,4
ATLANTA	42	466,5
SAN FRANCISCO	32,6	481,8
DENVER	30,9	524,1
FRANCFORT	30,7	1 080,8
HOUSTON	27,7	234,6
WASHINGTON	26,8	168,7
MIAMI	26,5	941,1
OSAKA	23,5	436,1
HONG KONG	23,3	956,9
BOSTON	23,2	314,7
HONOLULU	22,6	321,4
DÉTROIT	22,1	159,1
PHOENIX	22,1	161,5
SEOUL	21,3	731,4
ORLANDO	21,1	128,9
SAINT LOUIS	21	82,7
LAS VEGAS	20,9	21,9
ROME	19,6	243,5
AMSTERDAM	19,1	695
PITTSBURGH	18,7	83,3
SINGAPOUR	18,1	719
MADRID	18,1	189,4
BANGKOK	16,7	438,4

Source : D. et M. Frémy, *Quid*, Éd. Robert Laffont, 1994.

1898, l'Aéronautique en 1909, les Arts ménagers en 1923). Elle organise maintenant de plus en plus de salons classés internationaux (1 en 1950, 12 en 1960, 35 en 1970, une cinquantaine en 1990). Dans tous les salons parisiens, un exposant sur trois et plus de 15 % des visiteurs viennent de l'étranger, essentiellement d'Europe (Belges, Britanniques, Allemands).

2. L'organisation commerciale

Les grandes métropoles mondiales doivent assurer des fonctions d'approvisionnement, répartition et distribution, pour des millions de consommateurs. On connaît l'importance du marché aux poissons de Tokyo, probablement le plus important de la planète, celui de Barcelone, le marché aux fleurs d'Aalsmeer (Pays-Bas).

En France, Rungis a l'ambition de devenir le ventre de l'Europe. On a modernisé ses installations pour répondre aux normes de réfrigération et d'hygiène les plus récentes. Ce marché représente la plus grande chaîne de frais au monde. Le « pavillon de la marée » peut figurer comme le premier port de France, avec 125 000 tonnes de poissons vendues chaque année. Les grossistes ont proposé en 1992 plus de 1,3 million de tonnes de fruits et légumes. Au total, Rungis s'étend sur 632 hectares et intéresse 758 grossistes, 530 producteurs, 29 000 véhicules chaque jour. Le travail des négociants a bien changé : ils traitent par téléphone, télex ou télécopie, importent et exportent de plus en plus (les ventes à l'étranger comptent pour 11 % du chiffre d'affaires du marché), deviennent des prestataires de services, travaillant les produits, les reconditionnant, assurant l'étiquetage et le stockage, l'expédition.

La distribution est devenue l'un des domaines importants du grand commerce mondial. Cette activité est dominée par les États-Unis, qui contrôlent onze des vingt premières sociétés mondiales. Sears Roebuck, leader mondial de la vente par correspondance, donne à Chicago une place exceptionnelle dans ce domaine.

3. L'organisation de l'espace

Les équipements rythment les fonctions de répartition et de distribution. Aéroports, téléports, ports et gares sont les compteurs de la vie économique, placés sur les circuits d'échanges dessinés par les métropoles. Ces équipements ne sont pas des moteurs mais des relais, nécessaires sans aucun doute pour l'organisation de l'espace métropolisé qui

Les grands aéroports en Europe

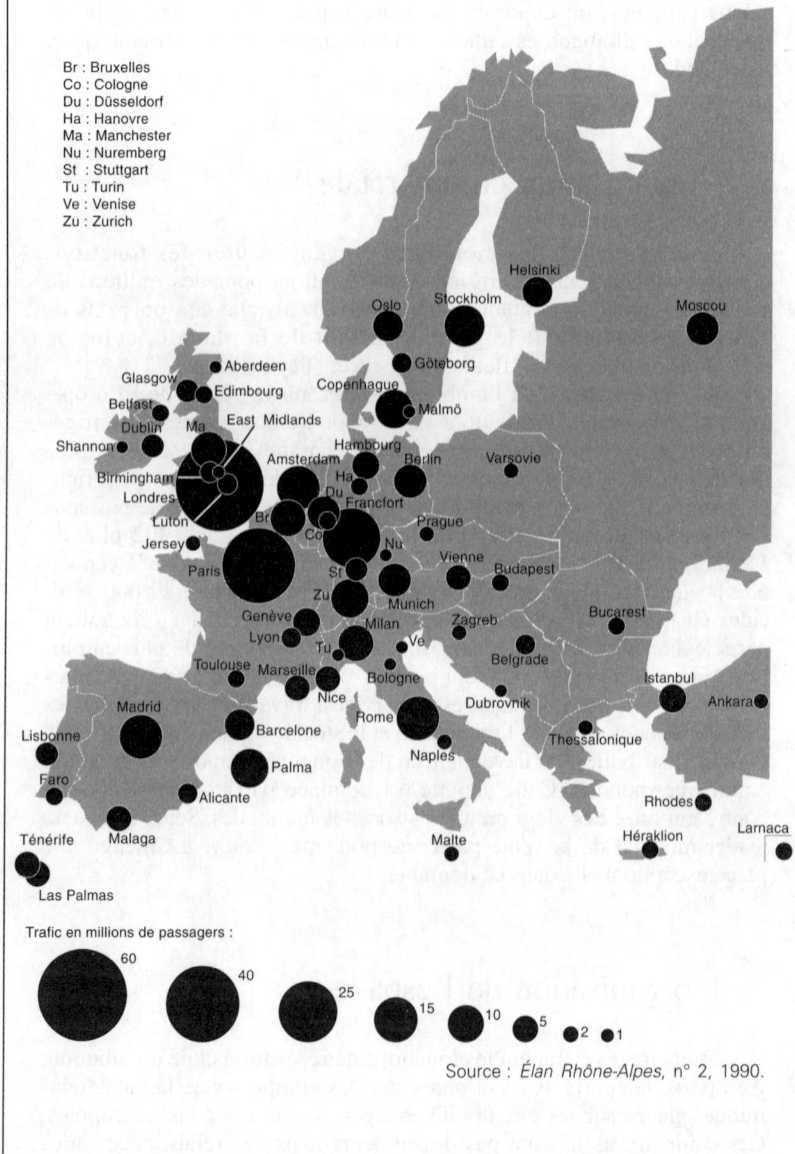

Source : *Élan Rhône-Alpes*, n° 2, 1990.

s'affirme d'abord en effet comme un espace de circulation. La ville est née avec la route, a dit Georges Duby ; celle-ci s'avère nécessaire mais non suffisante au fait urbain. Les moteurs sont les places d'affaires des arrière-pays qui impulsent et orientent les flux de marchandises, d'hommes et surtout d'informations et de capitaux qui parcourent la planète. Les ports, les gares, les aéroports et téléports, qui distribuent la circulation et l'espace autour des grandes métropoles mondiales, bénéficient finalement d'un pouvoir de décision délégué, sur le terrain des plates-formes de transports et de l'import-export.

La cartographie et le classement des tous premiers aéroports nationaux, au-dessus de 20 millions de passagers, donnent une approche facile des hiérarchies urbaines, qu'il faut corriger en tenant compte de la taille des pays. Pour le fret aérien, les experts donnent un seuil de rentabilité assez élevé de 400 000 tonnes, au-dessous duquel le nombre de lignes internationales régulièrement offertes ne peut pas être suffisant pour fixer les grandes entreprises. Cette sélection retient dans l'ordre New York (1 973 900 tonnes), Tokyo, Los Angeles, Francfort, Londres...

À l'échelle de l'Europe, la localisation des grands aéroports confirme la prééminence du centre de gravité des affaires, entre Manchester et Milan. Dans cette Europe libérale des marchands, paradoxalement, les pays de faible étendue concentrent plusieurs grands équipements, donc assez proches (Grande-Bretagne, Bénélux, Allemagne, Suisse), les autres (l'Espagne, la Scandinavie, les parties méridionale et orientale du continent) présentent des trafics plus faibles et regroupés sur une installation majeure dans les capitales. Le tourisme qui gonfle le rôle des aéroports fait quelque illusion ici au Sud, mais au service des populations septentrionales. Le nombre de lignes internationales et plus encore intercontinentales donnerait un indicateur plus pertinent encore de la métropolisation. Genève-Cointrin, par exemple, compte 191 dessertes de ce type, contre 65 à Lyon-Satolas.

Malgré la crise des compagnies aériennes, les investissements aéroportuaires représentent des enjeux importants dans la concurrence entre villes pour attirer les flux économiques modernes. Quelques aéroports-phares ont localisé la logistique des grandes compagnies et multiplient les lignes transcontinentales régulières. Pour l'Europe : KLM à Amsterdam, Lufthansa à Francfort, British Airways à Londres.

Aux États-Unis, American Airlines, une des premières compagnies mondiales, travaille à partir de Dallas-Fort Worth, Delta et Eastern Airlines ont choisi Atlanta pour base, Northwest a sa plate-forme principale à Minneapolis-Saint Paul, TWA à Saint Louis... La mégalopolis atlantique Boston-New York-Philadelphie-Baltimore-Washington offre avec sept grands aéroports internationaux « le système le plus dense et le plus intensément fréquenté à l'échelle planétaire » (Béthemont et Breuil, 1989). On vérifie ici comme en Europe occidentale le facteur de juxtaposition qui agglomère côte à côte les infrastructures de services.

« À l'échelle des agglomérations, les quartiers des aéroports sont devenus des points forts dans la structuration de l'espace, avec une concentration marquée de deux types d'activités : d'un côté l'ensemble des services liés au fonctionnement de l'aéroport et à son articulation sur l'extérieur, entretien, location de voiture, hôtels ; de l'autre les activités de proximité, centres de congrès mais surtout sociétés de coursiers pour plis ou colis urgents, entrepôts de pièces détachées et industrie à forte valeur ajoutée pour de faibles tonnages reçus et expédiés, pharmacie, haute technologie, informatique. Ces activités sont parfois regroupées sur d'impressionnants *airport industrial parks*. Tout cela fait que les aéroports américains sont au cœur de grappes d'activités qui peuvent représenter plusieurs dizaines de milliers d'emplois » (Béthemont et Breuil, 1991).

La France aimerait faire de Roissy le premier aéroport d'Europe en l'an 2000. Les réserves foncières permettraient d'accueillir 80 millions de passagers (contre 25,2 en 1992). Une gare souterraine a été aménagée sous les aérogares pour le train à grande vitesse. Près de 11 milliards de francs seront investis en cinq ans (1992-1997).

Les pays industrialisés disposent de la totalité des aéroports pouvant accueillir plus de 20 millions de passagers par an. De même, leurs compagnies aériennes s'octroient les vingt premières places au palmarès mondial, tant au point de vue du nombre de passagers et de marchandises transportés que de celui du chiffre d'affaires réalisé. Les flux comme les infrastructures mettent en relief les pays d'économie avancée (États-Unis, Europe, Japon). L'Asie orientale dont l'importance s'est sensiblement accrue est devenue la troisième zone aéronautique dans le monde.

Mais la supériorité économique des grandes métropoles des pays riches se mesure davantage encore dans la capacité d'animer des systèmes complémentaires de transports pour combiner de manière adaptée les différents moyens et services aux besoins du commerce international.

Dans cette combinatoire, les grandes routes maritimes ne jouent plus un rôle majeur, sinon d'un point de vue quantitatif. Il convient cependant de prendre en compte les plus grands ports de conteneurs, qui chargent ou déchargent des marchandises diverses.

Plus que les matières premières, importent aujourd'hui en économie urbaine et régionale les échanges de produits manufacturés ; plus que les marchandises, importent à l'avenir les flux d'informations.

9

Le contrôle de l'information et de la communication

Sous ces termes se regroupent des activités diverses (édition, presse, radio, télévision, cinéma, publicité...) très spécifiquement métropolitaines, à la fois reflet et facteur des hiérarchies économiques et urbaines. Les services d'information et de communication présentent une des répartitions géographiques les plus centralisées, avec le secteur des productions culturelles. Les mutations techniques en matière de communication favorisent la concentration économique des entreprises. Ces activités sont passées en vingt ans de l'ère artisanale à une dynamique industrielle, sensible aux économies de dimension, répondant à une consommation de masse, dans un marché planétaire décloisonné, sur lequel les monopoles publics disparaissent ou n'ont plus prise, mais où triomphent les normes anglo-saxonnes de l'économie et d'une nouvelle culture transactionnelle.

1. La production d'images et de signes

Les productions audiovisuelles doivent être abordées depuis 1980 à une échelle internationale. Ainsi les firmes américaines de production, les « majors » d'Hollywood et les trois grands réseaux de télévision (National Broadcasting Corporation, Columbia Broadcasting System, American Broadcasting Company), premiers producteurs mondiaux de téléfilms, vendent-ils dans le monde entier. La langue et la culture américaines s'imposent non seulement dans les affaires, mais aussi dans les foyers familiaux, tandis que les Européens démontrent leur incapacité à dépasser les particularismes nationaux et que les autres continents apparaissent encore davantage repliés. Les nouvelles techniques de diffusion – câble et satellite – permettent de pénétrer tous les marchés, sans protection ni règle.

Les nouveaux marchés du savoir : production et distribution des données

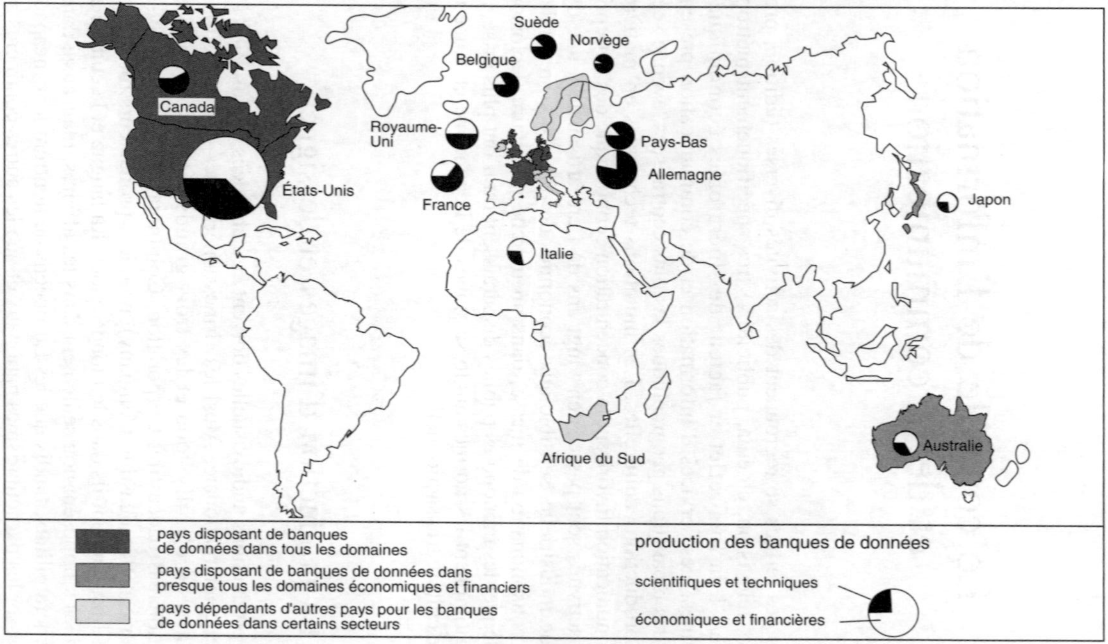

Source : d'après « Le récent marché mondial des banques de données », *Atlas Hachette : la puissance économique,* 1990.

Pour faire face à la concurrence américaine, la résistance culturelle de l'Europe doit s'organiser à partir de la France et de l'Allemagne. Placée dans une position naturelle de contact géographique, la Compagnie luxembourgeoise de télédiffusion est la première station commerciale du continent, diffusant des programmes en une demi-douzaine de langues, pour quelque quarante millions d'auditeurs européens. L'écoute journalière de RTL approche les 14 millions d'auditeurs pour la radio (8,5 en France et 5,5 en Allemagne) et sa télévision touche plus de 6 millions de téléspectateurs.

Le trafic téléphonique est sans doute le reflet le plus parlant des échanges économiques internationaux. Les entreprises et les institutions gouvernementales représentent les quatre cinquièmes du trafic. Les sept pays les plus industrialisés concentrent l'essentiel. Londres, New York, Los Angeles, San Francisco, Tokyo, Seoul, Hong Kong, Singapour, Paris, Francfort apparaissent ici les places les plus concernées.

Cynthia Ghorra-Gobin évoque dans son ouvrage sur les États-Unis (1993) l'étude des hiérarchies urbaines à partir du nombre de télécopie détenus par chaque ville : New York est la ville qui possède le plus grand nombre d'appareils, mais l'équipement par habitant place en tête Atlanta, Washington, Boston, San Francisco.

Les États-Unis sont le foyer d'origine de toutes les innovations contemporaines qui touchent les techniques de diffusion de l'information, en particulier la télévision par satellite et le câble. Dans ce domaine, ils demeurent la référence mondiale et le marché essentiel.

Les grands opérateurs de télécommunication mettent au point des stratégies planétaires de conquête du marché des nouveaux services : télécopie, visiophonie, réseaux de commutation de données par paquets. La numérisation des informations (voix, données, images) permet la conception de réseaux intégrant des services plus sophistiqués, dits à valeur ajoutée : codage, stockage, accès aux banques de données, au courrier électronique... L'imbrication des secteurs de l'informatique, de l'audiovisuel et des télécommunications, la déréglementation des télécommunications en Europe préparent ici des bouleversements économiques et des effets géographiques considérables. Les grandes entreprises se sont dotées de réseaux privés, notamment pour les liaisons entre leurs filiales. Certaines activités comme la presse, les réservations des compagnies aériennes, les compensations bancaires, les activités financières, appellent des réseaux spécialisés. Une véritable ceinture sous-marine en fibres optiques relie les principales places financières mondiales : Londres, New York, Tokyo, Hong Kong, Sydney.

La capitale française semble placée au cœur du marché européen des télécommunications. Les plus importantes sociétés étrangères du secteur y sont de plus en plus fortement implantées. Après la création de sa filiale française, BT (ex-British Telecom) y a installé sa direction Europe (200 salariés). La société britannique Cable and Wireless emploie à Paris

Une production hégémonique

Le marché mondial des banques de données est en croissance très rapide : un volume d'échanges de près de 3 milliards de dollars en 1986, plus de 5 milliards en 1989, près de 10 en 1993. Les États-Unis contrôlent les deux tiers de ce marché. La domination américaine ne se limite pas à la production de banques de données, mais s'avère plus importante encore pour la commercialisation de cette activité récente : l'avance chronologique et l'importance du marché intérieur permettent à l'industrie américaine de l'information d'amortir des investissements particulièrement importants, alors que le marché japonais reste exigu et que le marché européen demeure fragmenté en marchés nationaux. La consommation américaine de données professionnelles est assurée à 90 % par des banques de données produites et distribuées aux États-Unis, par des entreprises privées essentiellement. Excepté l'entreprise britannique Reuters, une dizaine de sociétés américaines contrôlent le marché mondial de la distribution.

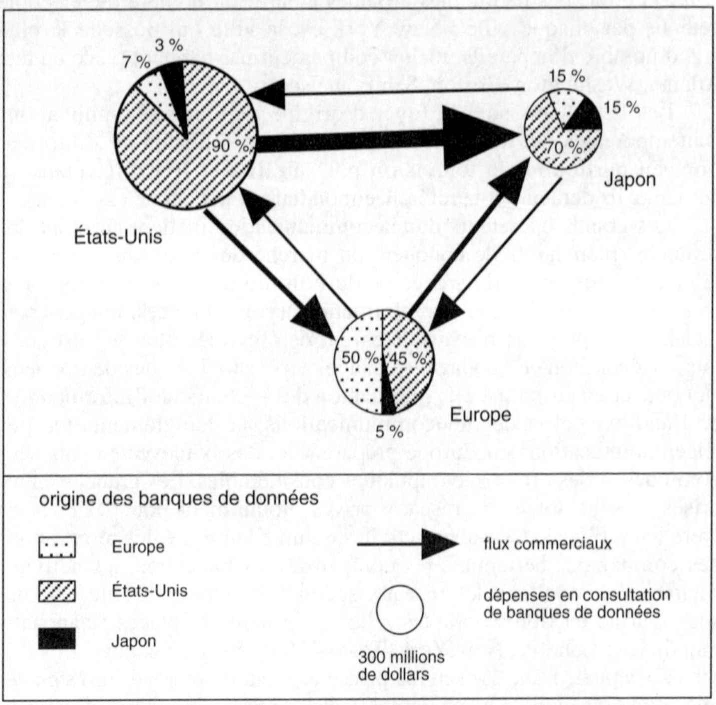

Source : d'après « Le récent marché mondial des banques de données », *Atlas Hachette : la puissance économique,* 1990.

près de 80 personnes. L'établissement d'ATT regroupe près d'un millier de salariés ; EDS, filiale de General Motors, une des principales sociétés mondiales de services à valeur ajoutée, 1 930 salariés.

L'enjeu touche le domaine des renseignements économiques : informations financières et boursières, informations commerciales sur les sociétés, la documentation juridique, les collections de brevets... On a compté 80 000 interrogations quotidiennes sur les grandes banques de données économiques à Washington. Aux États-Unis sont recensées près de 6 000 banques de données en marche. La domination américaine concerne à la fois la production des banques de données, leur commercialisation et leur utilisation : les États-Unis détiennent ainsi les deux tiers de ce marché, l'Europe un peu plus du sixième, le Japon un peu moins. C'est dire la vitalité spécifique de l'industrie de l'information dans ce pays, la dimension continentale du marché. Cette activité stratégique est très concentrée puisque l'on estime à seulement 500 les centres serveurs assurant la distribution (hors télématique grand public). Une dizaine de firmes américaines contrôlent en fait cette activité.

L'enjeu paraît aussi géographique avec les téléports qui interceptent dans les zones technopolitaines les signaux entre satellites et réseau câblé, pour les transmettre aux abonnés. « Le téléport apparaît comme le prolongement indispensable de toute métropole, en interconnectant les réseaux d'entreprises, les réseaux nationaux et les réseaux internationaux, les réseaux publics et les réseaux privés » (*RAMSES 89*, 1988). Cette concentration du trafic sur un site sert d'abord les établissements gros consommateurs de transmissions internationales qui veulent s'affranchir du réseau commuté et du service public. Elle intéresse les entreprises qui ont une grande masse d'informations à transmettre d'un point à l'autre de la planète, notamment par téléinformatique. On n'est donc pas étonné de voir l'expérience américaine ici pionnière. Le téléport le plus ancien est celui de New York. On recensait 47 téléports aux États-Unis en 1986 ; on en comptera 200 en 1995. Les plus importants équipent les grandes villes d'affaires : New York, Dallas, San Francisco, Houston. Le Japon a suivi avec Tokyo et Osaka, l'Europe après 1985 avec Londres (Docklands) et Amsterdam.

2. Presse et édition

Le domaine de l'écrit connaît aussi une évolution technique déterminante, une concentration des structures économiques et une même mondialisation des activités. Ainsi, avec le fac-similé (la transmission électronique des clichés des pages), l'impression des journaux peut être réalisée à distance. Le *Financial Times* (300 000 exemplaires) est imprimé simultanément à Londres, Francfort, New York et Hong

Kong. À l'échelle internationale, la presse quotidienne anglo-saxonne domine incontestablement. En matière financière, *Wall Street Journal* tire à plus de 2 millions d'exemplaires, à partir de 23 centres d'impression, dont 2 en Europe et 3 en Asie.

Dans cette évolution, l'entreprise allemande Bertelsmann, numéro un européen de la communication, n'en paraît que plus exemplaire. Le succès prend appui sur les clubs de livres (22 millions de membres dans 22 pays) et la vente par correspondance (France-Loisirs est une filiale de la société). L'entreprise édite aussi à Hambourg 37 magazines pour 5 pays, dont la France *(Géo, Ça m'intéresse, Femme actuelle, Télé-loisirs...)* et le marché anglo-saxon.

Le gigantisme en matière de communication implique une assise internationale, un développement commercial aux États-Unis et donc une structure capitaliste solide. À Paris, le Groupe de la Cité, formé en 1988, associe Havas (CEP Communication), la Générale occidentale (CGE), pour regrouper plusieurs maisons d'édition (Larousse, Bordas, Nathan, Presses de la Cité...).

Une même logique de concentration concerne le secteur de la publicité. Elle touche d'abord les États-Unis. Saatchi & Saatchi, qui a été créé en 1970, emploie aujourd'hui 14 000 personnes dans 58 pays et détient 5 % du marché mondial de l'activité. Les huit plus grands réseaux d'agences, qui sont américains (Young and Rubicam, Ogilvy & Matcher, Ted Bates, J. Walter Thomson, Saatchi & Saatchi, BBDO, McCann Erickson, DMB & B), concentrent 20 % du marché mondial en 1992.

Les produits culturels sont désormais une composante essentielle de la puissance économique. L'industrialisation des biens culturels s'explique par l'importance croissante des outils et supports, aux dépens du contenu. Celui-ci se trouve uniformisé par la technique qui permet son expression et sa diffusion. Dans une économie de marché, la diffusion commande la production, les lieux d'échanges des produits culturels déterminent leur valeur. À ce jeu, l'Europe cloisonnée perd et la spécificité culturelle de Paris ne peut être totalement prise en compte, en dehors de l'hexagone.

QUATRIÈME PARTIE

Uniformités structurelles et spécificités géographiques

10. Un reflet exacerbé des contradictions socio-économiques . . . 139

11. Une typologie géographique 149

Conclusion générale
Les relais du système-monde 180

INTRODUCTION

On parle de crise de croissance des métropoles mondiales, car leur évolution donne une image exacerbée des contradictions de la société qu'elles reflètent très généralement : attraction des populations et dispersion de l'habitat, cosmopolitisme et ségrégation, pression foncière et spéculation immobilière, augmentation du prix des logements, apparition et extension de la grande pauvreté, chômage et insécurité, dégradation de l'environnement et du cadre de vie, engorgement des transports collectifs et développement des déséconomies externes...

Cependant, les formes d'évolution et d'adaptation dépendent encore largement des familles géographiques auxquelles appartiennent les villes. L'échelle des problèmes, voire leur nature, n'est pas semblable dans les pays périphériques et dans les pays centraux de l'économie mondiale. La politique urbaine dans la vieille Europe redécouvre les charmes du patrimoine historique et paysager des quartiers monumentaux. Et même l'Europe n'est pas uniforme. À l'image conviviale et brouillonne des centres-villes méditerranéens, qui démontrent le génie des places et des espaces polyvalents, s'oppose la rigueur des métropoles allemandes, avec leurs rues piétonnières silencieuses et la froide géométrie de leurs quartiers neufs. Le Japon et les nouveaux pays industriels ont appliqué dans la décennie quatre-vingt, jusqu'à la crise actuelle, un urbanisme chirurgical de la table rase, y compris en matière sociale. Les métropoles américaines répondent à d'autres ressorts, sinon d'autres logiques.

On a noté cependant entre toutes ces grandes métropoles mondiales la progression des relations structurelles de ville à ville, par niveau et par spécialité fonctionnelle. On peut parler d'un fonctionnement en réseau des composantes du niveau supérieur de l'armature urbaine de la planète, pour maîtriser les courants économiques, les liens politiques et militaires, les phénomènes socioculturels dominants. Ainsi les mégapoles des pays mal développés travaillent-elles en liaison avec les pôles prépondérants de l'économie mondiale. Toutes les sociétés sont désormais intégrées dans le réseau métropolitain de la modernité.

10

Un reflet exacerbé des contradictions socio-économiques

La démesure urbaine s'exprime sans contraintes apparentes dans les pays neufs, dans les pays pauvres, dans les nouveaux pays industriels, y compris au Japon où la nature aurait pu imposer des normes plus limitées. Sans doute ces métropoles ont-elles un puissant effet d'entraînement et leur histoire se confond avec l'idée même de civilisation. Les métropoles mondiales continuent d'attirer les foules savantes ou marginales parce qu'elles constituent toujours des centres d'échanges irremplaçables. Mais leur gigantisme peut aussi bien anémier le reste du pays. Et les coûts engendrés par les besoins d'équipement pour le logement, la circulation, la santé, l'éducation, les loisirs, toute la vie sociale, deviennent exorbitants. Le prix de construction du métro de São Paulo a atteint 96 millions de dollars par kilomètre, 117 millions de dollars pour celui de Caracas. L'inflation et l'endettement public nourrissent les budgets d'équipement de Mexico. Les coûts de fonctionnement des services urbains sont rarement payés par les usagers.

Les agglomérations tentaculaires bouleversent, au Nord comme au Sud, les équilibres écologiques, économiques et sociaux. L'agglomération de São Paulo s'étend sur 8 000 kilomètres carrés. La rapidité de l'expansion surprend : 26 400 habitants en 1872, 240 000 en 1900, 1 million d'habitants répartis sur 150 kilomètres carrés environ en 1930, 4 millions en 1962 sur 750 kilomètres carrés, 15 millions en 1985. Véritable capitale économique du Brésil, elle regroupe en 1993 41 % des industries, absorbe 40 % du crédit et apporte 45 % des dépôts bancaires du pays. Bangkok abrite 10 % de la population de la Thaïlande, mais fournit 80 % du produit intérieur brut. Dacca représente en 1990 4 % de la population du Bangladesh, mais 60 % des industries de transformation. Lima voit sa population croître d'environ 250 000 personnes par an. Les migrations annuelles vers Mexico représentent 300 000 nouveaux habitants.

La ville en crise

Gamins de Bogota, chiffonniers du Caire, trottoirs de Bombay sont les symboles les plus spectaculaires de la dislocation d'une société mondiale à deux vitesses. La dérive, la déréliction sont le lot de masses qui se compteront en centaines de millions dans les pays dits sous-développés. Car ce gigantisme dépasse la mesure humaine. São Paulo s'étend sur 50 kilomètres de long et 40 kilomètres de large : des conglomérats de cette taille, qu'il s'agisse de Mexico, de Los Angeles ou de Paris, n'ont plus rien de la cité antique qui a été la matrice de la civilisation et du politique, des communes médiévales qui affirmaient leur autonomie, des hauts lieux de la Renaissance et des Lumières, ni des capitales du XIXe siècle.
Qu'est-ce donc qu'être citadin ? Comment une identité peut-elle se construire, quand le centre, c'est-à-dire ce qui donne un sens, une conscience commune, quand les symboles architecturaux (le beffroi des villes bourgeoises du Nord, la grande mosquée de la médina...) sont hors de portée des périphéries proliférantes ou sont supplantés, écrasés, par le béton ?

Source : C. Liauzu, « Le lieu de toutes les fractures », *La ville, partout et partout en crise, Le Monde diplomatique*, octobre 1991, pp.10-13.

L'enfer des villes

Au moins deux cent soixante-dix morts, des dizaines de milliers de personnes évacuées en hâte, des flammes qui atteignaient 300 mètres : la banlieue nord de Mexico ressemblait, lundi soir 19 novembre, à une ville qui vient d'être bombardée. Il ne s'agissait que d'une réaction en chaîne à la suite d'une explosion à proximité d'un centre de distribution de gaz.
Aucune ville n'est à l'abri de ce genre de catastrophes : il suffit de rappeler ce qui s'est passé à Feyzin, près de Lyon, où en 1966 l'incendie d'une raffinerie avait fait dix-huit morts et vingt-quatre blessés. Mais les risques se multiplient dans les métropoles du tiers monde, à la mesure d'une urbanisation dont l'accroissement prend les proportions d'un véritable cancer.
Après Mexico, la ville de la planète dont la croissance est la plus folle est São Paulo : un drame du même ordre, auquel on a à peine porté attention dans le monde développé, s'y est produit le 25 février dernier. Un oléoduc a sauté, faisant cinq cents huit morts, pour la plupart des enfants. Il faut savoir que, au Brésil, trente millions d'enfants vivent dans la rue, ce qui représente une augmentation de 90 % en trois ans. Un quart d'entre eux ont été abandonné par leurs parents...
Qu'il s'agisse de Mexico, de São Paulo, de Bombay, de Lagos, de combien d'autres, quiconque a eu l'occasion de séjourner dans l'une ou l'autre de ces mégapoles, où l'opulence des uns insulte quotidiennement la misère des autres, ne peut se défendre d'une véritable angoisse devant l'immensité des problèmes d'approvisionnement, de transports, d'hygiène, de sécurité, à résoudre, en sachant très bien qu'ils ne seront pas résolus. Comme l'écrivait, dans *Un seul monde*, le recteur de l'université des Nations unies, M. Soedjatmoko, à propos des agglomérations du tiers monde, « la violence, la criminalité, la rébellion armée et la révolution sont considérées comme les seuls moyens de survie, la seule réponse à une injustice intolérable, à l'oubli, à l'oppression et à un sentiment d'impuissance ».

Source : *Le Monde*, 21 novembre 1984.

1. Cosmopolitisme et ségrégation

La ville, lieu d'échange et de rencontre, fonctionne à l'envers lorsqu'elle accompagne l'exclusion sociale et ethnique, comme dans les villes allemandes où les étrangers, immigrés turcs ou yougoslaves pour la plupart, se tassent dans les quartiers délabrés des centres des villes industrielles. Le quartier de la gare de Francfort compte 74 % d'étrangers. Ceux-ci forment le quart de la population de la métropole, plus de 18 % à Stuttgart, 17,4 % à Munich et près de 14 % à Berlin où l'on a dû limiter les attributions de logements sociaux aux immigrés, comme à Cologne ou à Hambourg (1992).

Les centres urbains abandonnés dans les grandes villes américaines représentent souvent des zones misérables et marginales, commandées par des bandes rivales hors la loi. Le ghetto de South Central où ont éclaté les émeutes de Los Angeles en 1992 est pluri-ethnique : Hispaniques et Noirs ont participé aux pillages, dont ont tout particulièrement souffert les commerçants coréens (*liquor stores* où les Noirs et les Mexicains venaient acheter de la bière et du whisky, petits restaurants, grands magasins d'électronique ou de pièces détachées pour automobiles), l'ensemble se déroulant à quelques mètres du luxe débridé de Beverly Hills et de Hollywood. Peu d'autres villes offrent de tels contrastes : à Simi-Valley, une petite ville de la banlieue de Los Angeles peuplée à 90 % de Blancs, le revenu moyen annuel s'élève à 47 000 dollars, au lieu de 18 000 à South Central, où la moitié des hommes noirs sont au chômage.

Les agressions, l'insécurité s'avèrent en fait quotidiennes : plus d'un meurtre par jour en 1991 à Washington qui connaît le plus fort taux de criminalité des États-Unis (et où neuf sur dix des victimes sont noires), 2 036 actes de violences pour 100 000 habitants à New York, 2 545 à Detroit, une guerre des gangs permanente à Chicago, où les appartements vacants de South Federal, l'un des quartiers les plus pauvres des États-Unis, servent au trafic de drogue, au stockage d'armes et au *squatt* des clochards ou des criminels récemment libérés.

Dans les grandes métropoles de l'Europe du Sud, dans les villes méditerranéennes, la pauvreté et les minorités sont refoulées à la périphérie. Les bidonvilles peuplés de Cap-Verdiens ceinturent Lisbonne. À Marseille, en 1991, près de 2 000 tsiganes vivaient encore dans les baraques de la banlieue nord de la ville.

La surface occupée par les bidonvilles et les structures urbaines marginales autour de Madrid atteignait plus d'un millier d'hectares vers 1969, soit 16 % du sol résidentiel de la capitale. La politique franquiste d'expansion de la capitale d'un État centralisé s'était traduite en effet par un important flux migratoire en provenance du centre et du sud de

Calcutta, ville du cauchemar

Déjà à la fin du XIXe siècle, R. Kipling qualifiait Calcutta de ville du « cauchemar ». Que dirait-il aujourd'hui, alors que cette ville, qui fut la ville la plus raffinée d'Asie, s'anémie sous le poids de plus de 10 millions d'habitants et qui est, pour Jean Racine (*Calcutta, la ville, sa crise et le débat sur la planification et l'aménagement urbain,* Éd. de la Maison des Sciences de l'Homme, Paris, 1986, et *Cahiers du CREPIF,* n° 9, déc. 1984, pp. 67-77), « un des symboles du désastre urbain en pays du tiers monde » ? Calcutta est, en effet, l'exemple d'une croissance continue, totalement incontrôlée, avec la conjonction de l'exode rural puissant des Bengalis et de la pression des réfugiés du Bengladesh ou du Sri Lanka. Actuellement, un tiers de la population, soit plus de trois millions, vivent dans des *bustees* (bidonvilles) et au moins 200 000, démunis de tout, vivent en permanence sur la voie publique ! Dans cette métropole à la dérive, près de la moitié des décès sont dus aux maladies respiratoires, liées aux pollutions de l'air, à la malnutrition, aux tuberculoses et à la dysenterie, provoquée par la pollution des eaux consommées...

Une longue tradition de laisser-aller a conduit à l'entassement dans les vieux quartiers du centre-ville, non réhabilités, comme c'est le cas dans les métropoles occidentales ; du reste, parallèlement les banlieues se sont développées, depuis vingt ans, sept fois plus vite que le centre de l'agglomération ; et elles ont aussi attiré les plus démunis, qui ont édifié des baraquements, bien entendus illégaux, mais tolérés par les autorités, impuissantes à endiguer la vague des villageois sans ressources et des réfugiés, affluant après chaque guerre civile... La densité dans les *bustees* du quartier de Barabazar atteint 100 000 hab./km^2 (moyenne générale de Calcutta : 31 000 hab./km^2). Dans cet habitat précaire, le secteur informel est considérable : 42 % des emplois !

Source : B. Dézert, « La crise de croissance mondiale des métropoles », in *La Grande Ville, enjeu du XXIe siècle,* PUF, 1991, pp. 63-76.

La criminalité en Île-de-France

	France (a)	Île-de-France (b)	% b/a	Paris (c)	% c/b	% c/a
Total	3 493 000	903 000	26 %	301 000	33 %	9 %
Vols	2 305 000	638 000	28 %	223 000	35 %	10 %
Escroqueries	551 000	89 000	16 %	27 000	30 %	5 %
Crimes	134 000	31 000	23 %	9 000	29 %	7 %
Drogue	56 000	20 000	36 %	8 000	40 %	14 %

Source : J. Robert, *L'Île-de-France,* Coll. « Que-sais-je ? », PUF, 1994.

l'Espagne où les structures rurales archaïques et extensives retenaient mal les populations. En 1981, sur 3,2 millions d'habitants, 46 % étaient nés hors de la province de Madrid.

2. Chômage, grande pauvreté, insécurité

La violence urbaine est la même en Amérique du Nord ou en Amérique du Sud. À Rio de Janeiro, la police militaire a dû prendre d'assaut plusieurs *favelas* en 1987, « pour tenter d'en retirer le contrôle à des gangs de trafiquants de drogue que la population protège, parce qu'ils y assument le rôle des pouvoirs publics défaillants » (Théry, 1989). Les populations aisées des quartiers sud vivent dans la crainte : « On y engage des vigiles, on ne s'arrête plus aux feux rouges dès que la nuit tombe, par peur du braquage... Une des raisons d'être de Brasilia était précisément de soustraire les gouvernants à la pression d'une grande ville remuante. » Inaugurée en 1960, Brasilia dépasse déjà les 3 millions d'habitants.

Mais la pauvreté est ici, comme en Europe, plutôt un phénomène de périphérie. À São Paulo, les immeubles sordides des *cortiços* (ruches), subdivisés en garnis loués et sous-loués pour plusieurs familles à la fois, abritent en 1993 près de 2 millions de personnes (800 000 en 1975) dans les faubourgs et la première couronne. Les *favelas*, qui rassemblent 2 autres millions de personnes (100 000 en 1975), occupent tous les vides de l'espace urbain, les terrains vagues autour des nouvelles résidences, jachère en attente de spéculation, terre-pleins centraux des grands axes de circulation. Claude Bataillon (1988) décrit à Mexico « un nombre considérable de personnes qui vivent dans les décharges et s'occupent à les fouiller, pour en tirer des éléments utilisables, travailleurs des ordures, organisés et exploités par une sorte de mafia qui tire des bénéfices substantiels de ce ratissage ».

La prostitution, la drogue, l'alcoolisme accompagnent la pauvreté, le chômage, le relâchement des liens familiaux. Ce sont les fléaux de notre civilisation urbaine et industrielle que l'ampleur démographique de la grande ville fait ressortir de manière plus dramatique.

Les graffitis *(tags)* qui souillent les voitures du métropolitain et dégradent les espaces publics, près des gares, dans les centres commerciaux et les passages souterrains, veulent canaliser la violence urbaine, en la transposant symboliquement et artistiquement. On sait que la mode est partie de New York, en 1975, avec la création de la « nation zulu » par Africa Bambatta, à la fois membre d'un gang du Bronx et sympathisant des Black Panthers. Le look zoulou et la musique rap ont débarqué en France, avec les émeutes urbaines, dès l'été 1981. Ils étaient manifestes à Paris notamment au forum des Halles et sur l'agora de La Défense.

Densité de population comparée des grandes métropoles mondiales en 1991

	Superficie en km²	Population	Densité (habitants/km²)
Tokyo			
Région capitale	13 494	31 796 194	2 356
23 arrondissements	617	8 160 000	13 225
8 arrondissements	110	1 370 000	12 454
3 arrondissements	42	270 000	6 428
New York			
Région de New York	32 791	18 460 500	562
Ville de New York	833	7 350 000	8 823
Manhattan	61	1 510 000	24 754
Central business district	26	530 000	20 384
Londres			
Région de Londres	11 262	12 320 900	1 094
Ville de Londres	593	3 790 000	6 391
6 arrondissements centraux	104	880 000	8 461
3 arrondissements centraux	47	360 000	7 659
Paris			
Île-de-France	12 012	10 650 600	887
Petite Couronne	763	6 140 000	8 047
20 arrondissements	105	2 150 000	20 476
9 arrondissements centraux	39	660 000	16 923

Source : d'après N. Aveline–Dubach, *La Bulle foncière au Japon*, ADEF, 1994

Prix fonciers et loyers de bureaux à Tokyo

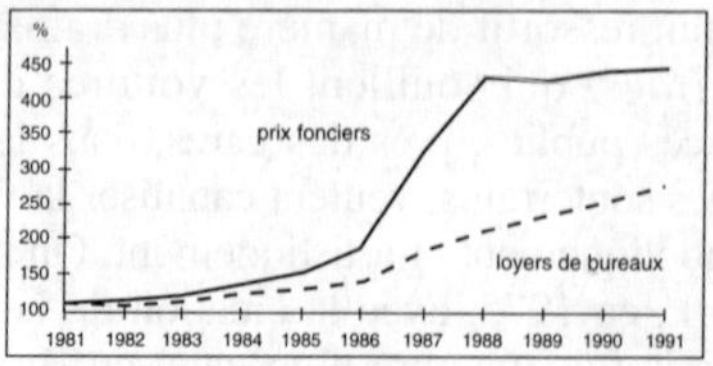

Source : *Le Livre blanc de la ville de Tokyo*, Préfecture de Tokyo, novembre 1991, d'après N. Aveline-Dubach, *La Bulle foncière au Japon*, ADEF, 1994.

Aujourd'hui en France, l'intégrisme manifeste un islam imaginaire, une autre culture du refus, comme une revanche de l'*under class* qui revendique son exclusion, contre l'administration de l'école et la société inaccessible.

3. Pression foncière et spéculation immobilière

La spéculation immobilière est manifeste dans toutes les grandes métropoles mondiales. Elle apparaît liée à la taille des organisations urbaines.

C'est au Japon, en particulier dans la région de Tokyo, que l'on a observé les manifestations les plus brutales de la flambée des prix fonciers. Le fait s'explique par une densité extrême : 31 800 000 habitants sur 13 494 km², soit trois fois la population de l'Île-de-France sur une même surface, une densité de 2 356 habitants par kilomètre carré en 1991, quadruple de celle de New York.

Dans les trois arrondissements centraux de Tokyo où la densité s'élève à 6 428 habitants par km², on recense 830 travailleurs diurnes pour 100 résidents (1990), contre seulement 370 dans le cœur de Manhattan et 150 dans les neuf arrondissements centraux de Paris. Dans le « triangle d'or » de Marunouchi-Otemachi-Yurakucho, très recherché par les établissements financiers et les sociétés de services, le prix du sol représente quatorze fois celui de Paris, les montants des loyers trois fois (Aveline-Dubach, 1993). La déréglementation financière, à partir de 1980, la reprise d'activité en 1982, l'internationalisation du yen en 1984, ont donné naissance à une demande de grandes surfaces de bureaux au centre de Tokyo. Plusieurs sociétés de commerce et les banques du Kansaï, les compagnies d'assurances, les maisons de titres ont transféré leurs sièges sociaux dans la capitale, attirées par les nouveaux débouchés du marché financier décloisonné, et pour se rapprocher de la source unique au Japon des décisions administratives. La construction de bureaux a représenté, en 1990, 2 452 hectares de surfaces développées dans tout le pays, dont 485 hectares dans les vingt-trois arrondissements de la capitale.

Une politique de libéralisation des règles d'urbanisme (pour densifier les coefficients d'occupation du sol) a permis de lancer la construction d'un deuxième centre d'affaires dans le quartier de Shinjuku, près de la gare du même nom, la plus importante du monde. Un ancien faubourg routier, populaire et ferroviaire, et le site d'anciens réservoirs pour l'alimentation en eau de la ville ont été tranformés par la construction des tours du nouvel hôtel de ville, d'hôtels internationaux, de bureaux de prestige.

Partout, l'extension des fonctions centrales se traduit par une exacerbation de la concurrence entre bureaux et logements pour l'utilisa-

L'extension de Tokyo (1632-1986)

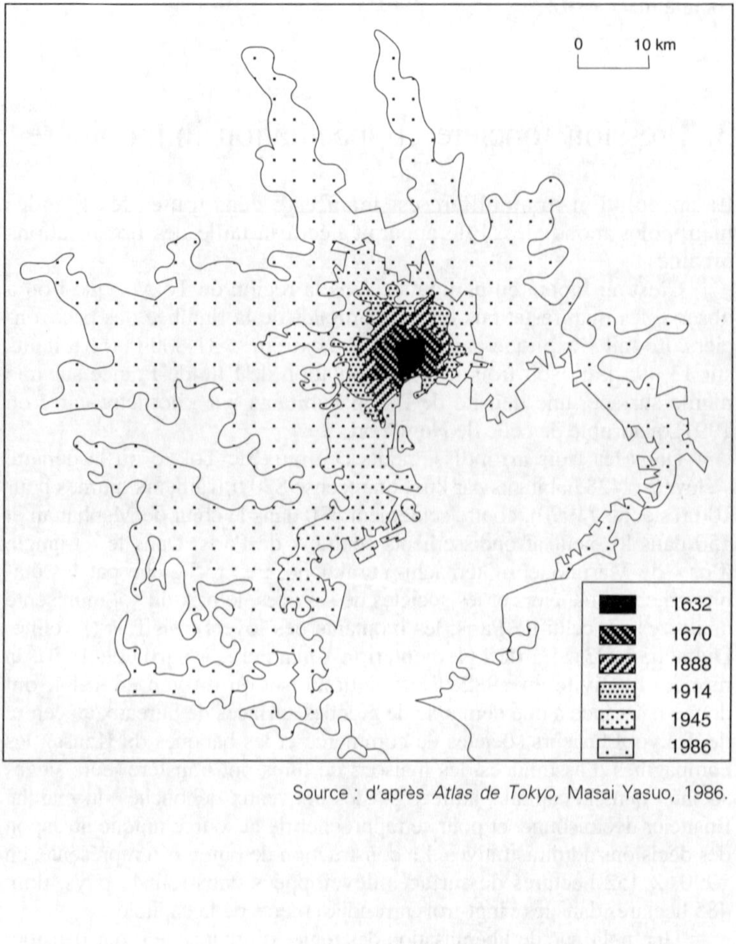

Source : d'après *Atlas de Tokyo,* Masai Yasuo, 1986.

tion du sol, par une montée du prix des logements, suivie d'un exode des populations vers la banlieue ayant pour conséquence un allongement des migrations alternantes entre habitat et travail.

4. La dégradation du cadre de vie et de l'environnement

À Tokyo ou à Mexico, la pression démographique et la concentration industrielle ont transformé l'espace métropolitain en une cuvette embouteillée et polluée. « La contamination atmosphérique atteint un point de non-retour, indique Claude Bataillon (1988). Les vapeurs contaminantes perturbent la santé physique et mentale des citoyens... La région la plus transparente est devenue Smogopolis. » La situation est plus grave sans doute dans les pays mal développés où les services urbains ne peuvent suivre la demande et où les pouvoirs publics ont abandonné tout contrôle. Les usines crachent directement dans la rue, sans limite, résidus toxiques et fumées nauséabondes, poussières, gaz, déchets.

Le gigantisme des mégapoles donne une échelle démesurée aux fonctions quotidiennes de la vie sociale : pour satisfaire les simples besoins de l'organisme humain, il faut à Mexico, dans les quartiers pauvres, desservis par camion-citerne, 40 litres d'eau par jour et par habitant, auxquels s'ajoutent 2 kilogrammes d'aliments, 5 kilogrammes de combustibles, mais pour bientôt près de 30 millions d'individus qui produisent combien de déchets ! « La plus grande ville du monde est sans aucun doute celle dont le site morphologique et hydrologique aboutit aux plus grandes difficultés d'approvisionnement en eau... La capitale a frôlé deux fois la catastrophe "sèche", chaque fois au début de la saison d'étiage... » (Bataillon, 1988). La production d'eau dans ce bassin endoréique est limitée et met en concurrence les besoins de la ville, de l'industrie et de l'agriculture. En avril ou mai, c'est la sécheresse ; en juin le déluge, avec les premiers orages de l'été tropical, et les inondations quand les ordures accumulées encombrent, avec la boue, les réseaux et les égouts. Mais Los Angeles aussi connaît la pollution atmosphérique, comme Athènes, Milan, Caracas et Singapour...

Georges Prevelakis (CREPIF, 1984) a décrit les enchaînements de la crise urbaine à Athènes, ville-champignon passée de moins de 10 000 habitants en 1834 à plus de 3 millions en 1981. L'extrême centralisme de l'administration, la multiplication des postes dans l'appareil d'État, la spéculation immobilière ont contribué à concentrer sur la capitale le tiers de la population du pays et une part encore plus grande des richesses et de l'économie. Depuis 1982, des restrictions très importantes ont été imposées à la circulation automobile dans le centre congestionné, pollué et ainsi dévalorisé. La population aisée, les commerces et même les bureaux, les autres fonctions centrales ont tendance à fuir les quartiers centraux, ce qui entraîne une baisse du prix des immeubles et une accentuation des processus de dégradation.

Déséconomies externes, goulets d'étranglement semblent les mêmes conséquences partout d'une croissance incontrôlée du fait urbain qui exacerbe les contradictions sociales. Les grandes métropoles mondiales apparaissent comme les lieux où s'affrontent avec le plus d'acuité les forces de destruction et celles de création de la civilisation. L'effet de la taille suffit à donner une unité structurelle à toutes les villes considérées, bien que le géographe soit aussi sensible aux différences.

11

Une typologie géographique

On évoquera les métropoles européennes, marquées par l'importance exceptionnelle du patrimoine historique où la politique de revitalisation des centres, à Londres, comme à Paris, maintenant à Berlin et à Saint-Pétersbourg, tient une place essentielle. Sur ce petit continent, très densément peuplé et urbanisé, les métropoles qui paraissent proches doivent organiser leur fonctionnement en réseau de villes complémentaires, afin de démontrer un avantage comparatif à une échelle mondiale. On parle de la dorsale des eurocités, de Londres à Milan, dans l'épicentre des révolutions industrielles. Pour d'autres, « un véritable système des villes européennes est en cours de formation » (Sallez, 1993), en relation pensons-nous avec l'organisation tertiaire des affaires industrielles et avec le développement des entreprises de services.

Dans cette organisation, les métropoles méditerranéennes représentent un sous-groupe à part : même continuité urbaine sans doute, parfois ici depuis la plus haute antiquité, mais une croissance démographique et spatiale plus brutale et sans industrialisation véritablement liée, induite plutôt par l'exode rural qu'ont engendré les disparités régionales et agraires des Midis, ainsi qu'une natalité débordante au sud et à l'est de la Méditerranée.

Les métropoles des nouveaux mondes (Amérique anglo-saxonne, Australie) s'apparentent aux précédentes par une histoire économique récente comparable, sinon semblable, où l'on retrouve les marques chronologiques de l'industrie – première et deuxième révolutions industrielles – et les dynamiques actuelles de l'urbanisme tertiaire. Mais la nature récente des créations urbaines – moins de deux siècles et une croissance importante depuis surtout cent vingt ans – donne à l'extension des banlieues un caractère très dominant. Les formes de dilution périphérique l'emportent sur les regroupements centraux, les emprises de la voirie, essentiellement autoroutière, sur celles du bâti. Les villes se sont agrandies en auréoles péricentrales, par vagues successives et brutales, nourries par l'immigration. Ce sont des villes de plaine ou de site généralement plan qui peuvent s'étaler largement, sans fortes contraintes

Neunkirchen, Sarre

Industrialisation et urbanisation ont été liées à partir de la deuxième moitié du XIXe et ce pour un siècle. Les activités développées autour des produits pondéreux ont fixé la main d'œuvre ouvrière puisée dans les campagnes. Les cités ouvrières construites par les entreprises, près des puits de mines et des usines, entre les villages, ne composent pas l'image rassemblée d'une ville véritable, mais un paysage de banlieue, en nébuleuses coalescentes, au total d'assez faible densité. Ces pays noirs qui ont impulsé très longtemps les rythmes de la vie économique sont ébranlés depuis plus de 40 ans par une crise structurelle profonde qui laisse des friches industrielles et sociales, symbole d'une Europe sinistrée.

spatiales, selon des densités assez faibles, en damier, selon des rythmes originaux liés au développement des fonctions économiques. À la différence de l'Europe et du monde méditerranéen, ces pays peuvent présenter des métropoles mondiales sans histoire, où le centre n'a été dessiné qu'après la formation de l'agglomération, comme à Los Angeles.

Ces caractéristiques apparentent d'une certaine façon les villes les plus récentes des pays neufs aux capitales économiques des nouveaux pays industriels, de l'autre côté du Pacifique – Japon, Corée, Chine du Sud et Hong Kong par exemple.

Les mégapoles des pays mal développés composent l'espace périphérique de l'économie mondiale, au-delà du « limes » contemporain qui sépare les pays du Nord et ceux du Sud : 244 millions d'habitants en 1975, 444 millions en l'an 2000 dans les agglomérations millionnaires. La prolifération des bidonvilles pose ici les problèmes majeurs. À l'origine de ces regroupements spontanés : l'absence de valeur foncière du site, l'occupation illégale et précaire du sol urbain. Ainsi sont occupés d'abord les décharges publiques, les cimetières, comme au Caire, les bas-côtés des routes, les zones inondables, les trottoirs comme en Inde. Dans les *favelas* (Santa Mesa à Manille, Klong Toey à Bangkok, Cheetah Camp à Bombay, Orangi à Karachi, Al-Thawra à Bagdad, Ben-Msik à Casablanca, Primera Victoria à Mexico) se retrouve la même misère : « le manque d'égouts, d'eau et de latrines, les ordures qui s'entassent, les rats qui mordent les bébés, les rues sans éclairage, les risques d'incendie, l'éloignement des lieux de travail et l'insuffisance des moyens de transport » (S. Cordellier (dir.) *L'État du tiers monde*, Éd. La Découverte, 1989).

1. Les métropoles nord-européennes

Le patrimoine artistique, architectural, urbanistique constitue la spécificité profonde des métropoles européennes. Anvers, Prague, Paris, Vienne, Saint-Pétersbourg, Amsterdam ont en commun d'être d'abord des capitales culturelles dont l'importance dépasse toutes les frontières. Des plans radioconcentriques où chaque époque a laissé sa trace, révélant une chronologie commune à partir du centre ancien, des bâtiments chargés de mémoire qui ont été les lieux successifs de la grande création architecturale, l'identité des musées et de l'histoire des peuples, mais aussi des correspondances transnationales pour rappeler les temps anticipateurs de l'unité européenne, composent le patrimoine commun des grandes métropoles du Vieux Continent. Dans ce sens, la civilisation européenne s'identifie à une culture urbaine.

Les grandes villes scandinaves, allemandes, françaises, Zurich, Bruxelles, Amsterdam, Anvers, Vienne, présentent presque toutes

Le centre de Beyrouth, février 1994

Beyrouth symbolise la permanence du fait métropolitain dans le monde méditerranéen. La ville sera reconstruite sur le même site, comme tant de fois ici ou ailleurs, après tel cataclysme, séisme ou guerre. La reconstruction du centre et de la zone portuaire témoigne de la volonté de restaurer les réseaux commerciaux et financiers, malgré les nouvelles concurrences de Koweit, Bahreïn ou Abu Dhabi. La capitale libanaise cherche à retrouver son rôle de plaque tournante du commerce de tous les pays arabes de l'arrière-pays, y compris de la Syrie, et à reprendre sa fonction de place bancaire au Moyen Orient. Les Libanais de la diaspora, comme tous les investisseurs internationaux, veulent croire à l'avenir d'une capitale cosmopolite d'un mini-État encore fragile, servant d'interface entre l'Europe et l'Orient.

l'avantage d'offrir une qualité et un cadre de vie exceptionnels dans le monde. Par rapport à l'Europe du Sud, et malgré des situations très différentes d'un groupe à l'autre de la société, on observe là des populations bénéficiant d'un haut niveau de vie, des villes offrant une qualité, inégalée ailleurs dans le monde, des transports urbains, des équipements sociaux et sanitaires, des services culturels et éducatifs. Ainsi les différents classements multi-critères que l'on peut faire entre les villes européennes mettent-ils en évidence les bonnes positions de Berlin, de Paris, de Stockholm, de Vienne, de Helsinki, de Zurich, de Munich, de Hambourg, de Bruxelles, d'Amsterdam pour tous ces thèmes. Les cartes établies par les chercheurs du GIP RECLUS pour montrer la hiérarchie des métropoles à l'intérieur de l'arc des grandes villes qui relie Londres, le Bénélux, le réseau allemand, la Suisse, les grandes cités italiennes du Nord montrent la prééminence de Londres et de Paris, l'importance d'Amsterdam, de Bruxelles, de Francfort, de Munich, de Milan. La géopolitique récente devrait induire une dynamique plus orientale qui favorisera Copenhague, Hambourg, Berlin, puis Vienne et peut-être Stockholm, voire Prague. L'importance des espaces verts par habitant, des activités technopolitaines, de la recherche ou encore des télécommunications, révèle la même suprématie des villes septentrionales sur les capitales méridionales.

Ces ressemblances morphologiques et fonctionnelles ne permettent pas de parler encore d'un système urbain unique qui transcenderait les frontières des différents États. La spécificité de l'Europe reste la juxtaposition d'un grand nombre de métropoles mondiales, proches les unes des autres, mais concurrentes, dans de petits États (tels la Belgique, les Pays-Bas, le Danemark, la Suisse, l'Autriche dont aucun ne dépasse 16 millions d'habitants et 100 000 km^2), sur un fond de densité de population très élevée. La consolidation de l'Union européenne et le renforcement projeté ou en cours des réseaux qui maillent l'organisation de l'espace continental (par exemple le réseau ferroviaire nord-européen à grande vitesse qui reliera Paris-Bruxelles-Cologne et Amsterdam ou Londres) peuvent participer à l'affirmation d'une Europe des villes indépendante des États.

2. Les métropoles méditerranéennes

D'Athènes à Barcelone, du Caire à Tunis, l'ensemble des grandes agglomérations des pays moins développés, dont l'économie s'accroche à celle du monde occidental, la périphérie immédiate pour les économistes, présente certaines similitudes des mécanismes de croissance. Ces villes multimillionnaires sont dominées par des activités touristiques et

Le Grand Caire

« Au début des années 80, l'agglomération du Grand Caire était déjà, avec 9 millions d'habitants, la plus grande métropole d'Afrique et du Moyen-Orient. Elle connaissait une situation préoccupante en raison d'une croissance démographique rapide, d'une extension désordonnée sur les terres agricoles et d'un retard colossal d'investissement... Le contrôle et l'organisation du développement urbain y paraissaient donc particulièrement nécessaires. Il s'agissait tout à la fois de favoriser le développement économique du pays en tirant le meilleur parti du potentiel de sa capitale, de protéger une terre agricole trop rare pour être gaspillée et d'améliorer les conditions de vie d'une population (représentant le cinquième de celle de toute l'Égypte) confrontée quotidiennement aux insuffisances dramatiques d'équipements publics surchargés et hors d'âge... »

Une stratégie d'aménagement approuvée en 1983 a défini les principaux objectifs des actions entreprises depuis lors :

– répondre aux besoins de la croissance démographique qui, même limitée à son mouvement naturel (objectif recherché), allait faire doubler en vingt ans la population du Grand Caire. C'est à l'échelle d'une région de 16 millions d'habitants en l'an 2000 que devait être pensée l'organisation urbaine future ;

– protéger les terres agricoles des empiètements urbains et organiser l'accueil des populations nouvelles dans les zones désertiques entourant Le Caire grâce à la création de 10 villes nouvelles, le long d'un grand boulevard périphérique (la Ring Road) ;

– procéder à une remise à niveau des infrastructures et des équipements publics.

Depuis 1983, on a observé un dépeuplement des quartiers centraux qui ont perdu en dix ans plus de 250 000 habitants, sur 1,8 million. La croissance urbaine s'est au contraire accélérée vers la périphérie. On estimait à près de 1 000 ha la consommation annuelle d'espace par l'urbanisation au début des années 80, un chiffre tombé à moins de 200 aujourd'hui. L'agglomération s'est progressivement rééquilibrée de part et d'autre du Nil, en faveur de la rive gauche. L'un des éléments majeurs du développement de la zone extérieure a été le boulevard périphérique du Caire, ouvert d'abord dans le désert oriental et en cours d'achèvement dans les plaines de Giza à l'ouest et de Qalubia au nord.

La vieille ville du Caire abrite un patrimoine urbain et monumental sans doute sans équivalent dans tout le monde arabo-islamique. Inscrit à l'inventaire UNESCO des sites culturels universels, ce patrimoine exceptionnel est cependant très fragile, comme l'a montré le récent tremblement de terre d'octobre 1992. Un ambitieux projet de réhabilitation de la vieille ville du Caire (Gamaleya-Nord) a été lancé avec l'aide de la France.

Source : d'après M. Belliot, « Le Grand Caire, dix ans après », in *Cahiers de l'IAURIF,* n° 104-105, août 1993, pp.166-182.

culturelles importantes qui témoignent de la dimension historique du fait urbain et l'insèrent dans un espace international. C'est au bord de la Méditerranée qu'est né un certain type de civilisation. D'un passé prestigieux, souvent antique, subsistent la tradition universitaire, la réputation de la presse et de l'édition. Entre la vieille Europe et le tiers monde, ces villes fonctionnent comme des pompes aspirantes qui se nourrissent de la crise des campagnes méridionales : Siciliens de Naples, *peones* (travailleurs manuels, manœuvres) d'Andalousie et Marocains à Barcelone, ont nourri l'immigration d'hier et entretenu la natalité d'aujourd'hui, expliquant des organismes urbains hypertrophiés et sous-équipés. Les taudis où se sont entassés les nouveaux arrivés et les célibataires surpeuplent le centre historique dégradé, tandis que les marges ont été submergées par les grands ensembles et les bidonvilles. Dans ces villes perpétuellement saturées, la croissance incontrôlée a précédé l'aménagement. Dans ces villes de chômage malgré le travail au noir et la faiblesse de l'emploi féminin, l'importance des petits métiers, le parasitisme des intermédiaires et des services publics, l'agitation sociale exacerbe les discours politiques. Dans ces villes mafieuses, la spéculation immobilière et la corruption touchent les milieux de l'administration. Sauf exception comme Barcelone, plus industrielle, dans ces villes de fonctionnaires, la rente foncière l'emporte sur les profits manufacturiers. La continuité de l'économie urbaine est assurée aujourd'hui par l'apport de capitaux exogènes, nationaux, publics ou étrangers.

Dans les grandes villes méditerranéennes, métropoles déclassées (Marseille, Naples, Beyrouth) ou mégapoles en formation, l'urbanisme contemporain doit répondre à des problèmes particulièrement difficiles. Il s'agit de surmonter le déséquilibre entre le centre de la vieille ville et les banlieues, de répondre au sous-équipement des transports et à la demande en logements sociaux, en respectant les contraintes naturelles de sites souvent étroits et pentus et en respectant les contraintes héritées d'un patrimoine historique omniprésent. À Beyrouth, les architectes préparent dans les ruines la reconstruction du centre, preuve ici comme ailleurs dans le monde méditerranéen d'une extraordinaire permanence du fait urbain.

Bagdad, Damas, Le Caire se disputent la direction du monde arabe. Capitale du XXe siècle seulement, Téhéran revendique le commandement religieux de l'islam.

3. Les métropoles nord-américaines

Les métropoles des nouveaux mondes se caractérisent par le caractère très récent et encore en cours de la métropolisation des populations, par l'importance des flux migratoires actuels d'origine interne et surtout

Classification hiérarchique des métropoles américaines

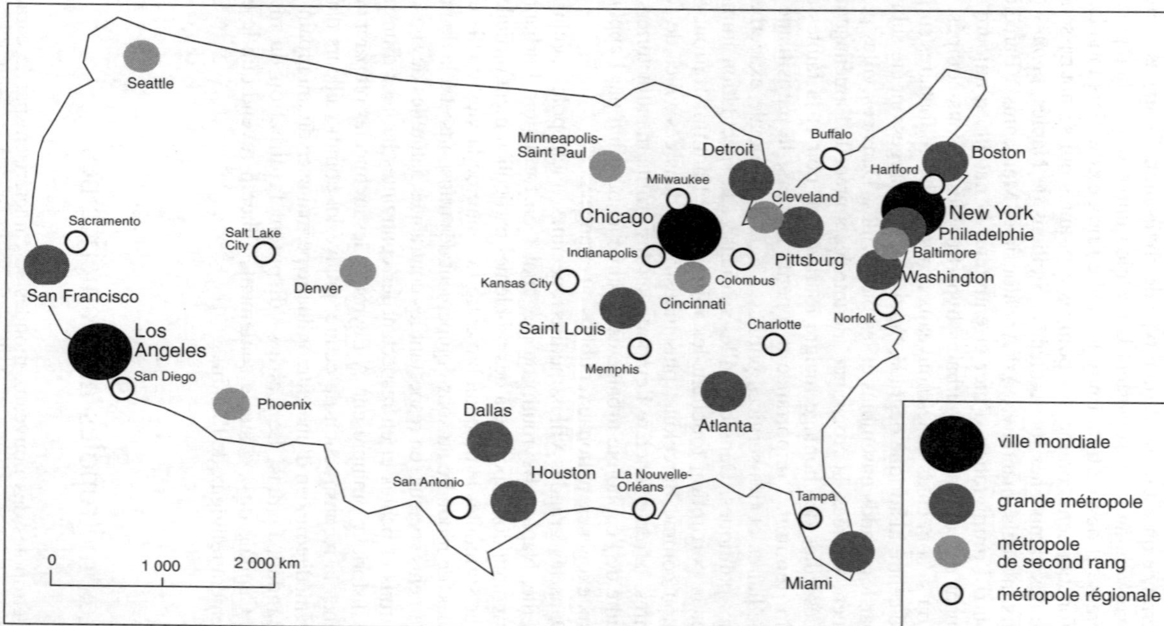

Source : J. Béthemont, J.-M. Breuil, *Les États-Unis, une géographie thématique,* © Masson, 1991, p.101.

étrangère, par le cosmopolitisme des sociétés urbaines, par l'importance de l'automobile dans le mode d'organisation spatiale, par la prédominance des espaces périphériques et de l'habitat pavillonnaire.

Aux États-Unis, trente-neuf métropoles dépassent un million d'habitants et regroupent la moitié de la population du pays. La métropolisation progresse surtout en Californie où l'agglomération de Los Angeles, la deuxième du pays après New York (13,3 millions d'habitants en 1990), a gagné plus de 2 millions d'habitants entre 1970 et 1980 et 3 millions d'habitants entre 1980 et 1990, un flux impressionnant qui s'explique par l'apport migratoire en provenance d'Amérique latine et d'Asie. Los Angeles comptera en 2000 près de 5,7 millions d'Hispaniques (un tiers de la population), 2 millions d'Asiatiques (Japonais, Chinois, Philippins, Coréens), c'est-à-dire près de 14 % de la population (1 % en 1960, 7 % en 1980), 2 millions de Noirs (dans le quartier de South Central par exemple) (Ghorra-Gobin, 1993).

Cette poussée urbaine profite à la périphérie des aires métropolitaines (suburbanisation et exurbanisation). On oppose ainsi la richesse et le dynamisme des banlieues récentes, où les transferts d'activités de services ont accompagné le desserrement des populations aisées, à la grande misère des zones urbaines centrales, faubourgs et quartiers péricentraux. Un véritable « quart-monde » occupe le cœur des grandes cités américaines. À Philadelphie, la cinquième agglomération des États-Unis, 40 % des 1,6 million d'habitants vivent en dessous du seuil fédéral de pauvreté.

Selon le Bureau fédéral du recensement, 33,6 millions d'Américains étaient « pauvres » en 1990. La plupart de ces pauvres sont noirs, mais 34 % sont blancs. La moitié est toxicomane. Selon les sources, l'effectif des sans-abri oscille entre 600 000 et 3 millions.

Ainsi, Philadelphie implose autour de son centre à l'abandon, pour renaître dans la banlieue où l'habitat paraît plus aéré, la sécurité mieux assurée. Les communes-centres sont fiscalement appauvries par l'exode des classes moyennes et aisées et par les pertes d'activités.

Jacques Béthemont (1991) montre le rôle de l'ordinateur, des télécommunications, de l'autoroute et de l'aéroport, dans la localisation des entreprises de services ou de haute technologie industrielle. Celles-ci retiennent les emplacements accessibles depuis un nœud de communication, ainsi les échangeurs autoroutiers. Elles privilégient aussi les cadres agrestes, la proximité des centres de recherche et des universités. « Il existe donc une amorce de suburbanisation y compris pour des emplois tertiaires qualifiés, même si la plupart des centres de décision préfèrent encore une concentration dans le cœur des villes, le *downtown*, sous la forme du *central business district* (CBD). »

La reconquête des quartiers centraux et l'extension des fonctions centrales aux dépens des premiers faubourgs industriels et désindustrialisés, portuaires ou ferroviaires et abandonnés, populaires et taudifiés,

Seattle, capitale du Pacifique

L'Histoire retiendra peut-être que le Siècle du Pacifique a commencé à Seattle en 1993. À l'initiative du président Clinton, la grande ville de l'État de Washington accueille les quinze chefs d'État des pays membres de l'Apec, la Coopération économique Asie-Pacifique. Le sommet, qui verra la participation des présidents américain et chinois et du Premier ministre japonais, offre au Nord-Ouest américain une occasion de s'imposer comme un acteur privilégié du plus gros marché de la planète. L'Amérique de l'après-guerre froide regarde naturellement vers l'Ouest. Cette tendance s'était déjà manifestée par le choix de Vancouver comme lieu d'accueil du sommet russo-américain d'avril 1993 entre Bill Clinton et Boris Eltsine.

Plus de 40 % du commerce extérieur des États-Unis s'effectue déjà avec la région Pacifique. En l'an 2000, les flux d'investissements transpacifiques seront le double de ceux à travers l'Atlantique. Chaque année, par les ports de Seattle et de Tacoma, distants de 48 kilomètres, transitent 55 milliards de dollars (330 milliards de francs) de marchandises. Seattle, qui commerce à 85 % avec l'Asie, jouit d'un statut particulier dans le Pacifique. Elle a réussi à attirer des investisseurs japonais comme Sharp, NEC et Nintendo. En outre elle abrite les sièges de deux géants industriels américains, Boeing et Microsoft.

Pour Boeing, première source américaine de dollars d'exportation, l'Asie constitue le marché qui connaît l'expansion la plus rapide. L'année dernière, un avion sur six construits à Seattle a été acheté par la Chine. Le nouveau Boeing 777, qui sera opérationnel à partir de 1995, est conçu comme un long-courrier transpacifique. Sur les 130 premières commandes fermes, 57 ont été signées par des compagnies aériennes asiatiques. Quant à Microsoft, le plus grand fabricant de logiciels aux États-Unis, l'Asie représente un marché en croissance annuelle de 60 %...

Plus au sud, la Californie est également très ouverte sur l'Asie. Environ 45 % des exportations de l'État le plus peuplé de l'Union partent vers l'autre rive du Pacifique. Cette somme représentait 30 milliards de dollars en 1992. Le Japon est à la fois le premier marché d'exportation de la Californie et le premier investisseur étranger dans l'État. En 1991, en excluant l'immobilier, le Japon avait réalisé 27,3 milliards de dollars en investissement direct. Le plus médiatique de ces derniers : Hollywood. Les studios Colombia Pictures, Tristar Pictures et Universal sont contrôlés par des Japonais.

La Californie reste une destination prisée des Asiatiques. Un Américain d'origine chinoise a échoué de peu, en 1993, dans la course à la mairie de Los Angeles. À San Francisco, 30 % des 750 000 citadins sont d'origine chinoise, philippine ou vietnamienne. En 1992, les Asiatiques constituaient le second plus important groupe d'immigrants aux États-Unis, après les Latino-Américains.

Source : S. Marchand, *Le Figaro,* 18 novembre 1993.

démontrent aussi la dynamique maintenue des CBD. Bernard Dézert décrit ainsi l'opération « Docklands » montée pour Baltimore par le promoteur James Rouse qui s'était illustré par la réhabilitation, entre 1972 et 1975, du quartier du port du vieux Boston. Un nouveau centre d'affaires *(waterfront)*, un grand complexe commercial et un centre de loisirs (aquarium géant, parc de jeux, marina pour plaisanciers) ont remplacé le complexe usinier (in Collectif, 1991).

En fait, les trois grandes métropoles mondiales que présentent les États-Unis (New York, Chicago et Los Angeles) participent de trois types différents d'organisation spatiale et urbaine. La première correspond au concept de « mégalopolis » formulé par J. Gottmann en 1961. Il s'agit d'une conurbation de 600 kilomètres de long associant 5 agglomérations millionnaires principales et coalescentes, englobant 16 aires métropolitaines entre Boston et Washington, soit près de 45 millions d'habitants, avec une densité moyenne de 290 habitants par km^2, « 20 % de la population américaine sur 2 % de la superficie de l'Union » (Béthemont et Breuil, 1989). Chicago répond au modèle de configuration spatiale de la ville nord-américaine décrit dès 1920 par Burgess (plan radioconcentrique et 5 zones : CBD, deuxième auréole correspondant à une aire de dégradation du bâti, de pauvreté sociale et d'insécurité, faubourgs populaires, quartiers résidentiels pour les classes moyennes, banlieue et périurbain pour les couches les plus aisées de la population). Quant à Los Angeles, une région urbaine couvrant 10 000 km^2, 120 km d'est en ouest, 100 km du nord au sud, et rassemblant 45 % de la population de l'État, « il s'agit d'une grande métropole à l'échelle planétaire qui tendrait même à prendre les allures d'une mégalopole pacifique » (Béthemont et Breuil, 1989) : entre Santa Barbara au nord, San Diego au sud, Palm Springs à l'est, vivent plus de 16 millions de personnes.

Los Angeles

Los Angeles, métropole américaine récente, synonyme de modernité, désignée par certains comme le prototype de la ville du futur ou de la société postindustrielle, est organisée selon trois éléments essentiels : la maison individuelle, le polycentrisme, un réseau de communications fondé sur l'autoroute et la voiture.

L'urbanisme horizontal est la marque de l'individualisme dominant. L'originalité vient du fait que l'habitat pavillonnaire qui représente les deux tiers des logements ne caractérise pas seulement la banlieue mais aussi la partie centrale de la ville, les quartiers pauvres (Watts, peuplé d'ouvriers noirs, ou East LA peuplé de « Latinos ») comme les quartiers riches (collines de Bel Air, Beverly Hills ou Brentwood). L'agglomération n'est en fait qu'une immense banlieue, avec de faibles densités, et donne ainsi l'image d'un véritable champ

Los Angeles

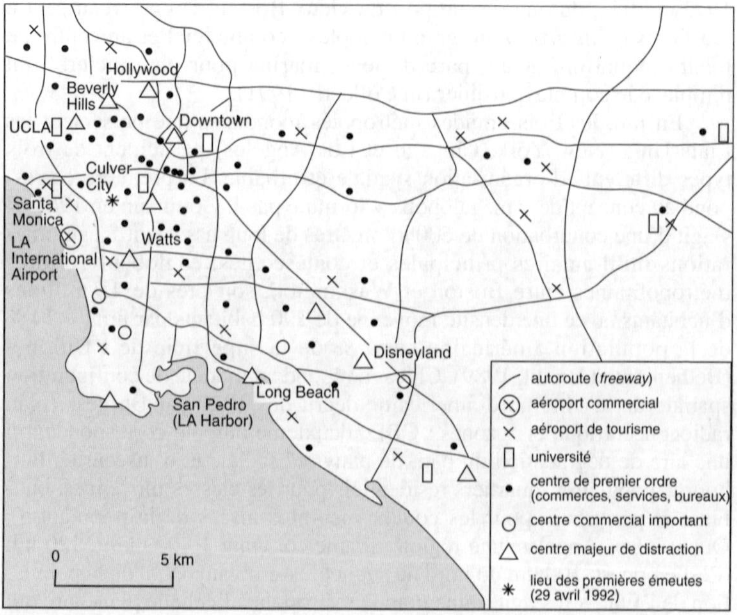

Los Angeles n'a pas connu les formes classiques de la croissance historique. Elle a bien sûr un centre ancien (le village espagnol, *pueblo*) correspondant à la ville de 1850, mais pas d'auréoles successives distinctes. Vers 1920, Los Angeles s'étendait autour de différents noyaux indépendants (polycentrisme) : Santa Monica, Culver City, Beverly Hills... Le site n'opposait aucun obstacle à un développement en tache d'huile (*sprawl*) des ensembles pavillonnaires, vers le nord - nord-ouest, en direction de l'océan Pacifique et jusqu'aux montagnes. À partir de 1930, l'expansion territoriale continue surtout à la périphérie. Il en résulte une morphologie urbaine inhabituelle, faite de petites zones imbriquées, nées à partir de plusieurs points, qui donne à la ville l'image d'une vaste banlieue.

La croissance de Los Angeles

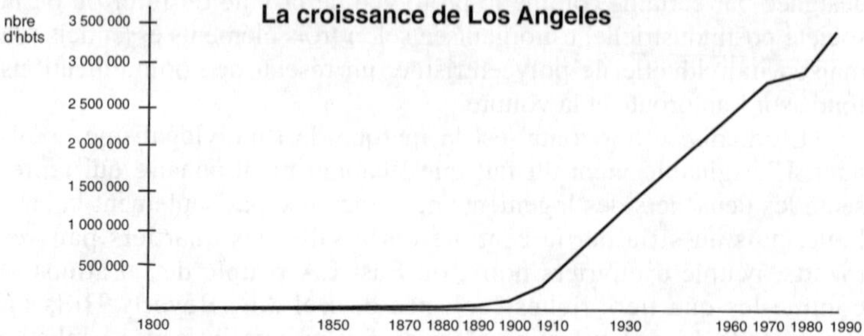

urbain : rien ici du modèle morphologique des villes européennes, que l'on peut transposer à New York et Chicago, avec un centre ancien densément bâti et animé et des auréoles successives de la banlieue.

Avec plus de cent municipalités, Los Angeles est l'exemple même du polycentrisme urbain. La ville s'est développée très récemment, à partir de plusieurs communes indépendantes, et non d'un seul point central. De nombreux centres regroupant bureaux et commerces émergent donc du tissu urbain peu dense : West Wood, Compton, Anaheim, Northridge... La ville centrale présente une densité très inférieure à celles de New York ou de Chicago ; les terrains vagues y témoignent d'une large sous-utilisation de l'espace. Cet essaimage des fonctions centrales est à peine corrigé par une tendance récente au regroupement des commerces, bureaux et services le long de la grande artère du Wilshire Boulevard, donnant ici un exemple de centralité linéaire. Le *downtown* de Los Angeles a été renforcé par l'achèvement, en 1990, du programme de rénovation de Bunker Hill qui concentre un million de mètres carrés de bureaux, 91 000 m^2 de surfaces commerciales, plus de 2 500 chambres d'hôtel et 3 700 appartements... Là, dans un quadrilatère de 7 miles sur 5 (11 km sur 8), se retrouvent les sièges de 46 des plus grandes compagnies des États-Unis, composant le second pôle d'affaires du pays, loin derrière Manhattan cependant.

L'étalement de l'espace urbain et le polycentrisme nécessitent une mobilité exceptionnelle. C'est le réseau autoroutier, aménagé en même temps que la croissance de l'agglomération, à partir de 1940, qui permet à la voiture d'évoluer à l'intérieur d'une centralité éclatée. Chiffre évocateur : les deux tiers de la surface de l'agglomération sont consacrés à l'automobile, un tiers pour la circulation, un tiers pour le stationnement. Le style de vie des Angélinos, qui passent en moyenne trois à quatre heures par jour dans leur voiture et parcourent 200 à 300 km, s'avère ici très particulier : il n'est pas rare de résider à 60 km de son lieu de travail, d'être à 10 km du centre commercial le plus proche, de faire 50 km pour aller voir des amis ou un spectacle. Le parc automobile dépasse 8 millions de véhicules (un pour 1,4 personne) et le réseau autoroutier intra-urbain dépasse 1 500 km. Une avenue peut avoir plusieurs dizaines de kilomètres de long (Western Avenue : 40 km).

À l'échelle mondiale, Los Angeles représente une nouvelle agglomération gigantesque couvrant près de 225 kilomètres sur la façade pacifique des États-Unis. Son exceptionnelle croissance ancre l'avenir du continent en direction de l'Asie orientale, vers d'autres villes géantes dans les nouveaux pays industriels.

Les grandes villes de l'aire du Pacifique (APEC)

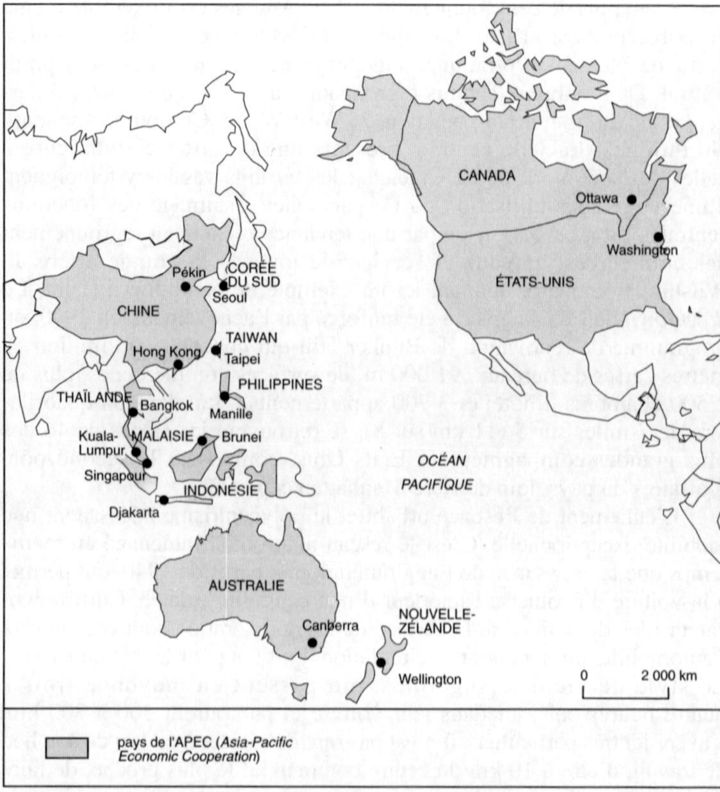

Vancouver

Une même dynamique transpacifique anime les agglomérations de Seattle et de Vancouver, de part et d'autre de la frontière entre États-Unis et Canada. La présence de 350 000 Chinois, venus récemment de Taiwan, de Singapour et surtout de Hong Kong, a fait de Vancouver une capitale asiatique en Amérique du Nord. À l'université de la ville, un tiers des étudiants sont d'origine asiatique. Un milliardaire de Hong Kong, Li Ka-Shing, a racheté en 1988 l'ancien site de l'Exposition internationale de 1986, 200 hectares, pour y faire construire des bureaux, des logements et deux hôtels de luxe. La communauté chinoise anime trois quotidiens et deux chaînes de télévision par câble, où l'on parle mandarin et cantonais. Une société ouverte et multiculturelle préfigure ici les prémices d'une métropole mondiale.

4. Les capitales économiques des nouveaux pays industriels

Au sens initial, les NPI (nouveaux pays industriels) correspondent à l'Asie du Sud-Est, tout d'abord Taiwan, la Corée du Sud, Hong Kong et Singapour, un espace aujourd'hui élargi à la Chine populaire : zones économiques spéciales du Fujian (Xiamen) et du Kuang-Tung (province de Canton), Shantou, Shenzhen et Zhuhai. En anticipant, les analystes parlent aussi de Bangkok, de Manille et de Djakarta, qui avec les États-Unis vivent une coopération économique Asie-Pacifique, depuis la guerre froide et après la guerre froide.

Une nouvelle aire économique mondiale s'organise ainsi, à partir de la côte occidentale des États-Unis (Californie, État de Washington – Seattle/Tacoma), de la Colombie britannique (Vancouver) et du Japon : ces centres canalisent plus de 40 % du commerce extérieur des États-Unis, impulsent des flux d'investissement très supérieurs à ceux qui traversent l'Atlantique, fixent les intérêts des géants industriels américains (Boeing, Microsoft) ou japonais (NEC, Sharp, Nintendo).

Dans les capitales économiques de ces anciens pays mal développés, les zones franches, les gratte-ciel, les aéroports, les Bourses de valeurs, les banques internationales et les cabinets d'audit témoignent du rythme accéléré de la croissance industrielle et tertiaire, performances exceptionnelles liées à l'avantage comparatif pour les entreprises multinationales d'une main-d'œuvre abondante, bien formée et bon marché, d'une stabilisation politique relative et aux perspectives d'un marché potentiel considérable.

Une croissance ambitieuse : Seoul

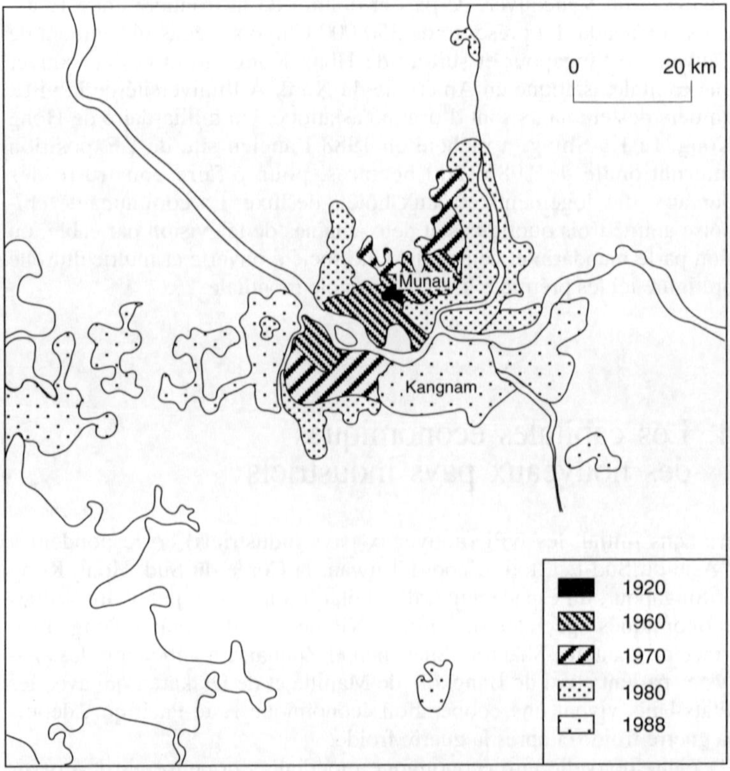

En 1920, l'espace occupé par Seoul débordait peu du site initial de la ville fortifiée de Hansongbu : 16,5 km^2. L'aire municipale a été depuis rapidement étendue : 136 km^2 en 1945, 268 km^2 en 1949, 613 en 1963, quand l'agglomération dépassait 3 millions d'habitants, 627 km^2 en 1973, pour près de 6 millions. La croissance s'est accélérée à partir de 1980. En 1984, le 600e anniversaire de la fondation de Seoul était célébré avec faste. En 1988, l'agglomération comptait plus de 10 millions d'habitants. Cette année-là, les Jeux olympiques et la mise en œuvre d'un plan d'urbanisme annonçaient une nouvelle ambition internationale. Seoul rêve de devenir la capitale de la Corée unifiée, métropole économique d'une nouvelle ère, ouverte sur le Pacifique. En face du centre traditionnel de Munau, qui garde l'essentiel des fonctions culturelles et ludiques de la capitale, le quartier directionnel moderne Kangnam, au sud du fleuve Han-gang, est un symbole de modernité. Les industries ont été desserrées vers des zones périphériques. L'aire métropolitaine englobe désormais 13 villes-satellites, dans un rayon de 30 km autour du centre. L'ensemble résidentiel, qui comprend il est vrai de vastes espaces périurbains, évolue ainsi vers un plan périnucléaire, et compte près de 18 millions d'habitants.

La Corée du Sud est le meilleur élève du Japon, proche et dominant géographiquement, historiquement et commercialement. Seoul a connu une croissance remarquable : 3 millions d'habitants en 1963, 5 millions en 1970, 10 en 1988, année des Jeux olympiques, 18 millions d'habitants en 1994, en comptant il est vrai la population des villes-satellites, 13 *newtowns* édifiées dans un rayon de 30 kilomètres. L'aire municipale (11 millions d'habitants en 1992) a été étendue de 136 km² en 1945 à plus de 627 km² en 1973 et le plan d'urbanisme qui a été dessiné en 1988 est passé d'une forme mononucléaire à une conception plurinucléaire de la structure urbaine. Le quartier d'affaires de Kangnam, en face du centre traditionnel de Munan, symbolise la modernité de la métropole de la nouvelle ère Pacifique. Les quartiers récents construits au sud du fleuve Han comptent déjà 5,5 millions d'habitants. Un énorme effort de construction de logements standardisés a été entrepris pour faire face à l'urgence des besoins : répondre à une croissance démographique exceptionnelle et remplacer les nombreux bidonvilles. De grands ensembles collectifs de plusieurs dizaines de milliers d'appartements, habitats industrialisés regoupés en barres et tours, ont été édifiés pendant les dix dernières années, un peu comme on en édifiait en Europe il y a trente ans. Les grands architectes coréens (Chung-Up Kim, qui a réalisé l'ambassade de France, Swoo-Geun Kim) restent à l'école de Le Corbusier. Pour développer son image internationale, Seoul a organisé en 1984 une célébration spectaculaire du 600ᵉ anniversaire de sa fondation et a participé en 1989 à la 17ᵉ triennale de Milan.

Les capitales des nouveaux pays industriels représentent des marchés très intéressants. Les investissements étrangers sont attirés ici par la stabilité politique nationale, la croissance démographique, la progression spectaculaire du produit national brut – 4 000 dollars par habitant à Taiwan en 1987, plus de 10 000 dollars maintenant –, la densité de la population et l'élévation constante du niveau de vie, l'élévation rapide du taux de motorisation – une voiture pour 5 personnes et un nombre impressionnant de motocyclettes à Taiwan –, la modernisation du réseau routier... Se multiplient les projets de métropolitain, de train à grande vitesse, de nouvelles zones industrielles, de centrales électriques nucléaires, de stations de pompage d'eau, de villes nouvelles et d'hypermarchés, pour répondre à une forte demande. C'est notamment le cas à Taipei, mégapole de 4,8 millions d'habitants, dans un pays qui en compte 21 millions. Dans les métropoles asiatiques, pourtant, le prix du terrain renchérit beaucoup de réalisations.

Hong Kong

Hong Kong et Singapour, plaques tournantes du commerce en Asie, ont conduit également une expansion économique « à la japonaise ». La prospérité de la colonie britannique (cédée en 1841-1860) a été fondée

Hong Kong veut convertir la Chine

Les Hongkongais ont littéralement envahi les trois « zones économiques spéciales » de la province de Canton. Investissant en moins de dix ans 90 milliards dans cette province qui leur fait face, les industriels hongkongais ont construit 18 000 usines d'habillement ou d'électronique et y font travailler plus de 3 millions de Chinois (alors qu'il n'y a que 2,5 millions d'ouvriers à Hong Kong), ce qui explique que 15 000 camions franchissent chaque jour la frontière entre la Chine et le territoire de Hong Kong et que les Chinois ont déjà commencé à construire une deuxième voie ferrée entre Canton et Hong Kong.

Dans le même temps, les Chinois du continent sont partis à l'assaut de la colonie. Pendant longtemps, il n'y a eu que l'agence Chine Nouvelle pour représenter Pékin à Hong Kong. Puis il y a eu la Banque de Chine, qui vient de construire un nouvel immeuble de 72 étages en plein centre (œuvre de l'architecte sino-américain Ieoh Ming Pei, inaugurée en 1988) et compte désormais 317 agences sur le minuscule territoire. Cette Banque de Chine collecte déjà 25 % des dépôts du territoire.

Plus important encore, la China International Trust & Investment Corporation (CITIC), curieuse compagnie créée en 1979 à la demande personnelle de Deng Xiaoping par le milliardaire communiste de Shanghai, Rong Yiren. La CITIC fait pour Pékin du capitalisme sauvage dans plus de 90 pays, et rachète avec ses capitaux communistes tout ce qui est à vendre à Hong Kong : 12,5 % de la compagnie aérienne Cathay Pacific, 38 % de Dragon Air, 30 % de la Hong Kong Telecom... 2 500 sociétés de Chine populaire, de plus ou moins grande importance, sont aujourd'hui installées à Hong Kong.

Source : T. Desjardins, *Le Figaro*, 12 juillet 1993

au départ sur l'activité des grandes maisons de commerce et sur la fonction d'entreposage. La banque a suivi les opérations commerciales, à partir de 1900. La révolution de 1949 apportait 2 millions de réfugiés, du matériel, des capitaux, des hommes, notamment de Shanghai, et faisait du port franc un refuge pour l'épargne de la diaspora chinoise dans tout le Sud-Est asiatique. La population de la cité passait de 1,8 million en 1947 (1,6 million en 1939, 600 000 en 1944) à 5,1 millions en 1982, 5,7 millions en 1991 (on prévoit 6,9 millions d'habitants en 2000). La place financière a été formée à l'école de Londres, notamment par la Hong Kong and Shanghai Banking Corporation et par la Chartered Bank, les banques locales chinoises servant la spéculation sur l'or et les devises. C'est aujourd'hui la deuxième place financière d'Asie, après Tokyo, la première pour les transactions sur l'or, forte de l'implantation de 560 établissements financiers, dont 365 étrangers, la dixième puissance commerciale du monde, le deuxième port mondial de conteneurs, après Singapour. La prospérité se mesure à l'importance des chantiers : nouvelles tours, nouveaux hôtels, autoroutes, un nouvel aéroport gigantesque, malgré l'exiguïté du site...

Pas de banque centrale (à la différence de Singapour), un système fiscal et juridique très complaisant, le principe du secret bancaire, une liberté complète des changes ont développé un modèle économique ultra-libéral, tourné entièrement vers le commerce international. C'est à Hong Kong que la Chine a trouvé et trouve la plus grande partie de ses devises nécessaires pour le développement de ses échanges extérieurs. La place sert de refuge et de transit pour les Chinois d'outre-mer qui veulent envoyer de l'argent à leurs familles restées en République populaire et pour le rapatriement des profits des investissements et des entreprises que la Chine populaire possède à Hong Kong ou ailleurs.

C'est en 1978 que Deng Xiaoping a lancé sa révolution économique libérale. En 1984, Britanniques et Chinois se sont accordés pour faire de Hong Kong, à partir de 1997, une « région administrative spéciale de la République populaire de Chine ».

Aujourd'hui, l'effervescence affairiste ambiante fait de la colonie un paradis du blanchiment de l'argent de la drogue. L'héroïne provient du Triangle d'or (Birmanie, Laos, Thaïlande), passe par Taiwan pour gagner les États-Unis. La mafia chinoise rayonne sur la région, a pénétré les milieux politiques et policiers de Taipei, contrôle à Hong Kong un système bancaire parallèle qui repose sur des réseaux de confiance (famille, communauté d'origine, liens de parenté élargie ou de voisinage, communautés dialectales) et organise la circulation de l'argent d'un bout à l'autre du monde. Ces organisations criminelles chinoises (les redoutables triades) contrôlent dans l'espace chinois les jeux, la prostitution, les rackets et la drogue, mais aussi le monde des affaires, ainsi à Hong Kong une partie de l'industrie cinématographique. « Les triades taxent les vendeurs des rues, les restaurants, les conducteurs de

L'implantation des différentes zones économiques sur la côte est chinoise

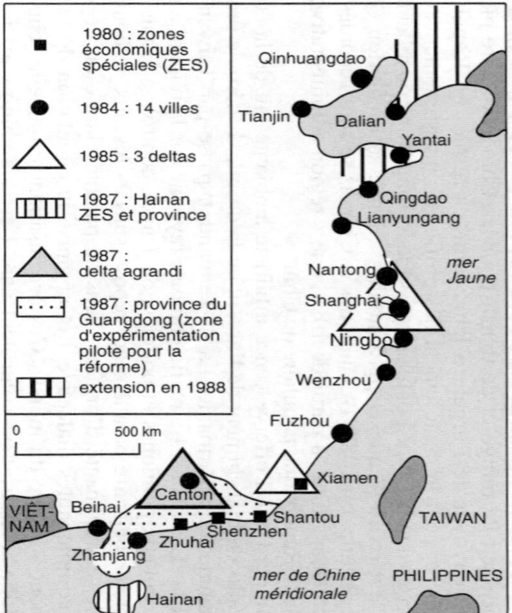

Les zones économiques spéciales ont été créees pour permettre un démarrage économique à grande échelle. Trois d'entre elles (Shenzhen, Zhuhai et Shantou) se trouvent dans le Guangdong, province de Canton, une région devenue "l'atelier de Hong Kong", et une quatrième (Xiamen) dans le Fujian, situé en face de Taiwan, deux provinces dont un grand nombre de Chinois émigrés dans le Sud-est asiatique sont originaires. Ayant toujours maintenu des liens familiaux étroits avec leur terre d'origine, ceux-ci ont pour la plupart investi massivement dans ces zones...

Les investissements étrangers, composante essentielle de la politique d'ouverture de la Chine depuis 1979, jouent le rôle d'accélérateur de l'insertion dans l'économie mondiale et de la modernisation. Après la chute des investissements en 1989, année de la tragédie de la place Tian An Men, la reprise s'est avérée exceptionnelle. Très largement en tête, les capitaux de Hong Kong - 60 % du total - représentent en bonne partie l'apport des Chinois d'outre-mer, voire des Taiwanais. Japon et États-Unis viennent ensuite avec 12 % chacun. L'émergence de la région de Canton, à plus de 2 000 km de Pékin, accompagne aussi une montée des tendances centrifuges liée à une autonomie croissante des potentats locaux face au pouvoir central.

Source : d'après *La Lettre d'Odile*, n° 6, mai 1991, et n° 10, septembre 1992 (pour le texte).
© RECLUS. P. Gentelle, « La Chine maritime », *Le Quart Nord-Ouest du Pacifique*, Dossiers des images économiques du Monde, SEDES (pour la carte).

minibus, les sociétés de décoration pour les fêtes de quartier ou les magasins de vidéo ; elles contrôlent le monde du plaisir, mais aussi les soutiers de l'économie (main-d'œuvre flottante, dockers)... L'immigration clandestine aux États-Unis rapporterait aux triades 2,5 milliards de dollars par an » (Philippe Pons, « Les redoutables triades jouent discrètement le jeu de Pékin dans la perspective du retrait britannique », *Le Monde*, 26 novembre 1993).

On connaît peu de métropoles mondiales présentant d'aussi fortes densités de population (5 700 habitants au km^2, la capitale mondiale de la concentration humaine) dans un site naturel aussi difficile : une presqu'île, « les nouveaux territoires », à l'extrémité de la province chinoise de Kuang-Tung (Canton, à 130 km de Hong Kong), formée de collines d'une altitude moyenne de 550 mètres, dominant au sud en amphithéâtre la péninsule de Kowloon, un chenal sinueux, une île principale en face (Hong Kong Island). Le relief tourmenté, sur un territoire exigu (1 067 km^2), fait que l'espace doit être conquis mètre par mètre, obligeant souvent l'homme à creuser les versants rocheux. Un avantage pourtant : le granite fournit une assise ferme pour les constructions en hauteur. Les pluies tropicales et le passage des typhons se traduisent souvent par des glissements de terrain meurtriers, comme en 1972. Ajoutons une zone à risques sismiques importants. On peut parler de folie urbaine ici, en évoquant la situation de l'aéroport de Kei Tak, en plein centre-ville : pour des raisons de sécurité, les avions qui décollent et atterrissent toutes les cinq minutes sur la Runway, piste-jetée de 3 342 mètres construite sur l'eau en 1958, sont contraints de raser les toits des immeubles. La publicité clignotante est interdite, les flashes pouvant éblouir les pilotes en procédure d'approche. Les manœuvres exigent une qualification spécifique qui est délivrée après un entraînement en simulateur, obligatoire dans toutes les compagnies. L'atterrissage automatique est impossible à Hong Kong, il est nécessaire de prendre les commandes manuelles.

Pour accompagner l'extraordinaire progression de la population, un plan d'urbanisme lancé en 1972 prévoit la construction d'une série de villes nouvelles, le long d'une autoroute ceinturant les nouveaux territoires, séparées par 7 à 9 kilomètres et comptant chacune de 100 000 à 700 000 habitants.

Une nouvelle aire métropolitaine se dessine entre Hong Kong, Canton et les zones économiques spéciales de Dongguan et Shenzhen. Son unité sera renforcée par le rattachement de Hong Kong à la Chine continentale en 1997 et par la construction prévue d'une autoroute de liaison entre ces villes – il faut aujourd'hui encore cinq heures pour parcourir 60 kilomètres dans cette région, entre Canton et Dongguan par exemple. La réalité économique a anticipé sur la géographie puisque Hong Kong représente aujourd'hui les deux tiers des investissements étrangers en Chine, dont 60 % pour la seule province de Canton : Hong

Shanghai, métropole économique de la Chine populaire

Cet ancien marché, ville ouverte à partir de 1842, a connu un développement économique important jusqu'en 1946. En 1949, Shanghai comptait près de 4,5 millions d'habitants. La population s'est accrue ensuite rapidement, jusqu'à 6,4 millions de personnes en 1965. Suit une période de ralentissement volontaire de l'urbanisation en Chine populaire. À Shanghai, selon la municipalité, la population était réduite à 5,6 millions d'habitants en 1977.

La libéralisation économique contemporaine se traduit par une nouvelle poussée urbaine qui profite particulièrement à la métropole économique de la Chine continentale.

Shanghai s'est ainsi dotée d'une dizaine de cités satellites, fondées autour d'une industrie de base (métallurgie, chimie), accompagnée d'unités secondaires de production. Les plus petites comptent une vingtaine de milliers d'habitants, les plus importantes jusqu'à soixante mille. On prévoit d'atteindre pour certaines le chiffre de cent mille. Sans doute est-ce l'un des privilèges de Shanghai que son administration municipale exerce son autorité non seulement sur la ville proprement dite, mais sur une surface totale de plus de 6 000 kilomètres carrés où l'activité rurale assure l'essentiel des ressources alimentaires de la population et où les zones de dégagement ont pu être trouvées pour recaser les citadins excédentaires.

Reste la ville elle-même, ancienne « base colonialiste », « paradis des aventuriers ». À la différence de centres comme Pékin, voire T'ien-Tsin, Shanghai s'était développée avant la libération en une véritable greffe occidentale en territoire chinois. En témoignent encore maintenant aussi bien les lourds et hauts immeubles qui s'alignent le long de l'ancien Bund que l'ex- « Grand Monde » aujourd'hui transformé en maison de la culture ou les villas style « normand » ou « cottage » bordant l'ancienne avenue Joffre ou proches de l'actuel parc du Peuple, autrefois le meilleur hippodrome britannique d'Extrême-Orient...

Tout cet héritage constituait un capital. L'hôtel des Chinois d'outre-mer s'est installé dans l'ancien Broadway Building, la douane est restée la douane et le club des gens de mer n'a pas changé non plus d'affectation. Divers organismes – dont le comité révolutionnaire de la municipalité et le très riche musée d'art et d'histoire – ont hérité de quelques palais bancaires. Ce legs du passé a marqué Shanghai assez profondément pour en faire sans aucun doute la ville la plus citadine de Chine...

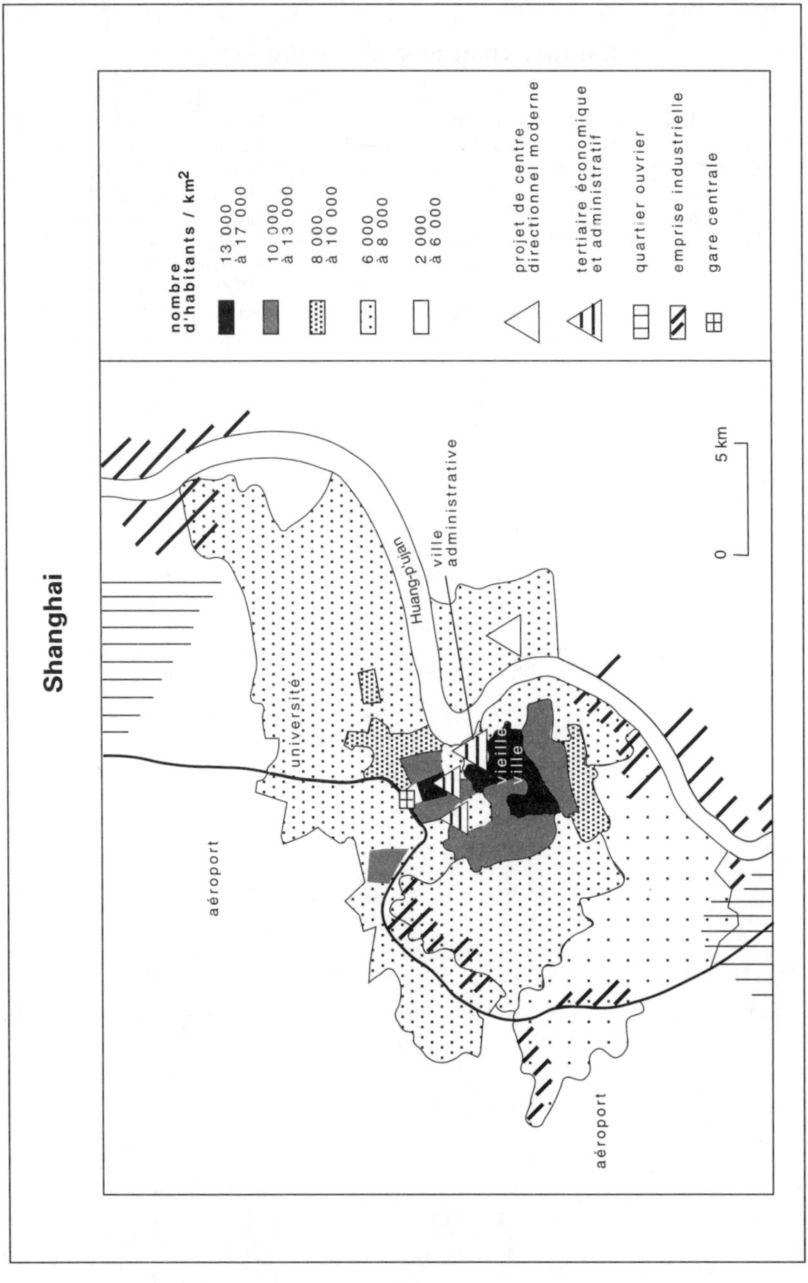

Shanghai
nombre d'habitants / km²
13 000 à 17 000
10 000 à 13 000
8 000 à 10 000
6 000 à 8 000
2 000 à 6 000
projet de centre directionnel moderne
tertiaire économique et administratif
quartier ouvrier
emprise industrielle
gare centrale
aéroport
aéroport
université
vieille ville
ville administrative
Huang-p'ujan
0
5 km

Canton, champion des « dragons »

« En 1978, nous n'avions que deux usines, une de saucisses, l'autre de nouilles, avec un chiffre d'affaires de 3,8 millions de yuans (1 yuan vaut un peu moins de 1 franc). Aujourd'hui, l'industrie locale compte 12 000 entreprises pour un chiffre d'affaires de 1,6 milliard. » Li Ming-zhi, vice-maire de cette municipalité proche de la zone économique spéciale de Shenzhen, est très fier d'aligner ces chiffres qui font de Dongguan l'un des phares de la « troisième vague d'ouverture à la chinoise », selon les termes de Victor Fung, président du Bureau de développement des échanges de Hong Kong... Dongguan a le premier réseau de téléphone automatique rural du pays, possède le plus grand nombre de voitures particulières (1000 contre 800 à Shenzhen), a recruté 3 000 enseignants dans d'autres provinces, et les investissements étrangers y représentaient, fin 1992, 380 millions de dollars. On y trouve pêle-mêle Nestlé, Adidas, Nike... Dans la municipalité – 2,5 millions d'habitants, dont la moitié de « travailleurs migrants » –, la production industrielle a augmenté de 32,7 % en 1992, le revenu par tête de 21,1 % ; le revenu familial urbain atteint 10 000 yuans pour la province. Pendant ce temps, le PIB national par habitant se traîne à 2 055 yuans... Dans ce gros bourg rural tranformé en quelques années en métropole anarchique, la circulation est affolante, le rythme de construction aussi. La province de Canton apparaît de plus en plus comme « un cinquième dragon », après la Corée du Sud, Hong Kong, Singapour et Taiwan... Avec 6 % de la population chinoise – 64 millions d'habitants –, plus que la France, sur 177 901 km², elle représente 9 % du PIB du pays, avec un taux de croissance annuel de 12,6 % depuis 1979.

Source : Patrice de Beer, *Le Monde,* 15 juin 1993.

Kong investit et vend, Canton, ville-atelier, produit. On parle déjà de « zone économique du dollar de Hong Kong » ou de « zone économique de la Chine du Sud ».

Hong Kong est en train de coloniser la Chine. Mais Canton, qui conquiert progressivement son autonomie réelle vis-à-vis de Pékin et profite d'une liberté économique remarquable, pour les importations comme pour les exportations, promet de devenir la grande métropole mondiale de cette région stratégique, au cœur d'un futur nœud de transports. L'architecte international Ricardo Bofill a été retenu par Henry Fok, le milliardaire de Hong Kong à l'origine du projet, pour construire, à l'embouchure de la rivière des Perles, la ville nouvelle de Nansha : 13,5 millions de mètres carrés sur un site de 2 200 hectares (la moitié de Paris intra-muros), devant accueillir 700 000 habitants dans vingt ans, un parc industriel, un ensemble de ports et de zones de stockage, un terminal ferry, un aéroport, des terrains de golf...

Singapour

Malgré les apparences, Hong Kong et Singapour n'obéissent pas aux mêmes ressorts : la première reste une cité ultra-libérale de marchands, la seconde est commandée par des esprits organisateurs qui ont développé volontairement, *ex nihilo*, à partir d'un port d'entrepôt, une Cité-État, une place bancaire, une métropole industrielle fondée sur les hautes technologies. Ici, les dimensions de l'économie et du marché domestiques, arrière-pays compris, s'avèrent beaucoup plus limitées, avec une population de 3 millions d'habitants (dont 78 % de Chinois). Dans cette Suisse de l'Asie, on ne trouve ni pègre ni corruption, des contrastes sociaux mesurés, pas de squatters.

Dès l'indépendance de l'île, en 1965, le gouvernement (une dictature éclairée qui a réussi à assurer un ordre social exceptionnel) a décidé une politique délibérée pour attirer les banques étrangères, afin de faire du nouvel État une capitale financière : avantages fiscaux, exemption de retenue à la source sur les intérêts perçus par les non-résidents, libre change ont attiré l'implantation dans l'île des plus grands noms de la finance internationale. Le faible décalage horaire avec l'Europe (six heures et trente minutes) donne la possibilité à des opérateurs basés à Singapour d'intervenir dans la même journée, par télex ou téléphone, sur les places de Londres, Zurich ou Paris. D'où le succès du marché des devises convertibles qui a pris en 1969 le nom de marché de l'Asian dollar, extension du grand marché monétaire international né en Europe au début des années soixante, c'est-à-dire d'un marché off shore, pour les dépôts en devises étrangères des non-résidents. Il s'agit d'un marché d'institutions où les particuliers comptent très peu, l'essentiel des dépôts étant fourni par les grandes firmes multinationales, les

Singapour

Plaque tournante du commerce asiatique entre l'Occident et l'Extrême-Orient, Singapour est devenue en vingt-cinq ans une grande ville industrielle. La croissance de la population, au trois quarts d'origine chinoise, la rareté de l'espace constructible, ainsi que la force des disparités sociales expliquent qu'en 1960 le tiers de la population vivaient dans des bidonvilles. L'autorité du nouvel État a conduit une politique très efficace de rénovation urbaine ; en dix ans, les *slums* ont été rasés sur plus de 200 hectares ; le relogement a été organisé dans des immeubles et tours modernes. Il faut noter une amélioration des conditions de vie et la qualité des équipements collectifs. Le revenu moyen par habitant est aujourd'hui le deuxième en Asie, après celui du Japon.

sociétés d'import-export, la Banque centrale de l'Indonésie, les banques de dépôts d'Asie du Sud-Est, et les principaux emprunteurs étant des firmes multinationales, des sociétés de navigation et d'import-export, des banques des pays asiatiques. La place est devenue ainsi le quatrième centre mondial pour les opérations de change, après New York, Tokyo et Londres, devant Zurich.

Les banques locales travaillent sur le marché intérieur. La capacité d'épargne des habitants apparaît très élevée et la gestion des comptes de l'État aussi excédentaire.

La continuité de la politique économique (« un colbertisme libéral intelligent »), des infrastructures toujours surdimensionnées (l'aéroport de Changi accueille en 1992 16 millions de passagers par an, pour une capacité actuelle de 25 millions), des avantages fiscaux, une main-d'œuvre disciplinée et bien formée, mais en nombre limité et donc plus chère qu'ailleurs en Asie du Sud-Est, ont attiré sur l'île près de 3 000 firmes multinationales et des investissements étrangers considérables. Les pouvoirs publics s'efforcent d'attirer les industries à forte valeur ajoutée : l'aéronautique (construction d'un nouvel hélicoptère par Singapore Aerospace avec l'Aérospatiale française), la pétrochimie fine, les biotechnologies, l'électronique, avec Siemens, Philips, Thomson, Mitsubishi. La recherche appliquée n'est pas négligée comme à Hong Kong. Le pays se place aussi sur le marché mondial de l'ingénierie avec la société publique Sembawang, partenaire en Chine de la firme américaine Bechtel.

Les cols blancs représentaient près de la moitié des actifs en 1990. Une économie de l'information est en train de se développer, autour des fabrications d'ordinateurs, des services informatiques et des télécommunications. L'Université nationale a développé des recherches sur les logiciels pour l'ingénierie et travaille sur l'intelligence artificielle. Un parc scientifique de 125 hectares a été organisé avec le Comité national pour l'informatique, chargé de mettre en œuvre un réseau informationnel dans la fonction publique. Enfin, la ville qui est un noyau artistique s'affirme comme le centre professionnel de la mode en Asie.

5. Les mégapoles des pays mal développés

Entre les capitales des NPI, nouvelles métropoles mondiales d'aujourd'hui ou de demain, et certaines mégapoles des pays mal développés, la différence ne paraît pas toujours évidente. Casablanca, Karachi, Johannesburg par exemple ne relèvent-elles pas déjà, au moins pour quelques caractéristiques, du premier type ? En effet, le « limes contemporain », qui sépare les pays du Nord et ceux du Sud, se

Le centre d'affaires de Casablanca

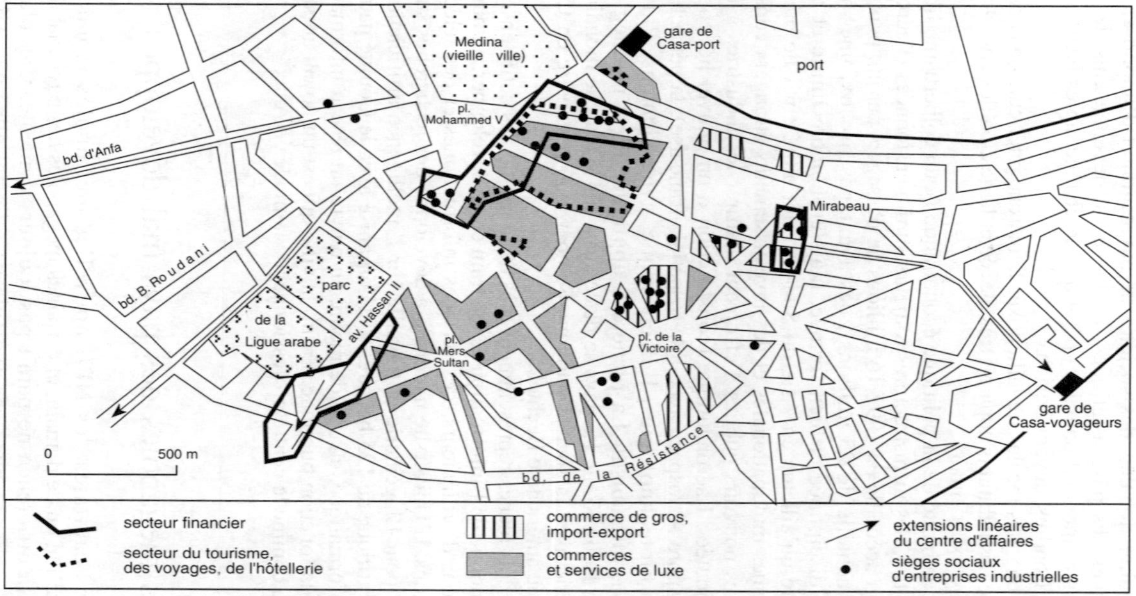

Source : d'après J.-F. Trouin, *Atlas de la Wilaya de Casablanca,* URBAMA université de Tours-CNRS, et A. Kaioua, université Hassan-II, faculté des Lettres et Sciences humaines, Casablanca, 1986.

déplace. Émergent du Sud de nouveaux pays, de nouveaux marchés, qui se caractérisent aussi par de superbes performances économiques (une croissance du PNB supérieure à 7 % par an), par une présence renforcée des capitaux internationaux, par l'animation de places financières certes encore secondaires, mais très vivantes. Ainsi la Banque mondiale a-t-elle recensé 42 Bourses de valeurs mobilières avec des capitalisations variant de 0,3 milliard de dollars (Botswana) à 125 milliards de dollars (Taipei), dans des pays qui ne représentent encore que 13 % du PNB mondial, pour des entreprises ne pesant que 6 % de la capitalisation boursière internationale. Karachi, Ankara, Buenos Aires sont du nombre.

Casablanca, qui pourrait en faire partie, illustre une forme transitoire entre mégapole et métropole-relais des économies dominantes vers les pays-ateliers. La capitale économique du Maroc (près de 3 millions d'habitants en 1993) contrôle tous les flux d'extraversion de l'économie nationale : le port, l'aéroport (40 % du trafic aérien), l'hôtellerie internationale (20 établissements 4 et 5 étoiles concentrent 70 % des nuitées de la ville, l'essentiel de la clientèle étrangère : pour 20 % française, 31 % des pays arabes, 8 % d'Italie, 8 % d'Espagne, 7 % des autres pays africains, 4,5 % des États-Unis, 4 % d'Allemagne...). La ville a fixé les sièges sociaux des compagnies de transport du pays (chemin de fer, Office d'exploitation des ports, Royal Air Maroc, Compagnie marocaine de navigation). Bien qu'on ne puisse pas parler ici d'une interaction entre l'urbanisation et la dynamique tertiaire, comme on le fait à propos des villes américaines ou des autres grandes métropoles mondiales, on notera que le poids des emplois dans les activités des services aux entreprises et à l'économie, qui participent aux responsabilités des pouvoirs de décision, n'est pas négligeable : plus de 60 000, soit le dixième de l'emploi tertiaire total qui compte pour 60 % de tous les actifs. Les fonctions internationales l'emportent à Casablanca sur la dimension nationale. Le fait tient à ce que, à la différence du Caire ou de Tunis ou d'Alger et de beaucoup de capitales arabes ou d'autres pays mal développés, l'administration publique pèse peu, puisque le centre politique est ailleurs, à Rabat.

La mégapole de Johannesburg/Soweto/Pretoria (4,5 millions d'habitants) représente une autre forme de transition. Ici, comme à Casablanca et comme dans les métropoles des nouveaux pays industriels, on retiendra l'aspect plurifonctionnel de l'organisme urbain : des activités multiples, des industries diversifiées. La cotation de Johannesburg est reprise par toute la presse financière internationale. En termes de capitalisation, la Bourse de Johannesburg se place en quatorzième position dans le monde. La ville a fixé l'implantation des cinq grands cabinets mondiaux d'audit (« big five » : Price Waterhouse, Ernst & Young, Arthur Andersen, KPMG, Coopers & Lybrand). Les banques d'affaires Goldman Sachs, Morgan Stanley et

La mégapole de Johannesburg-Soweto-Pretoria

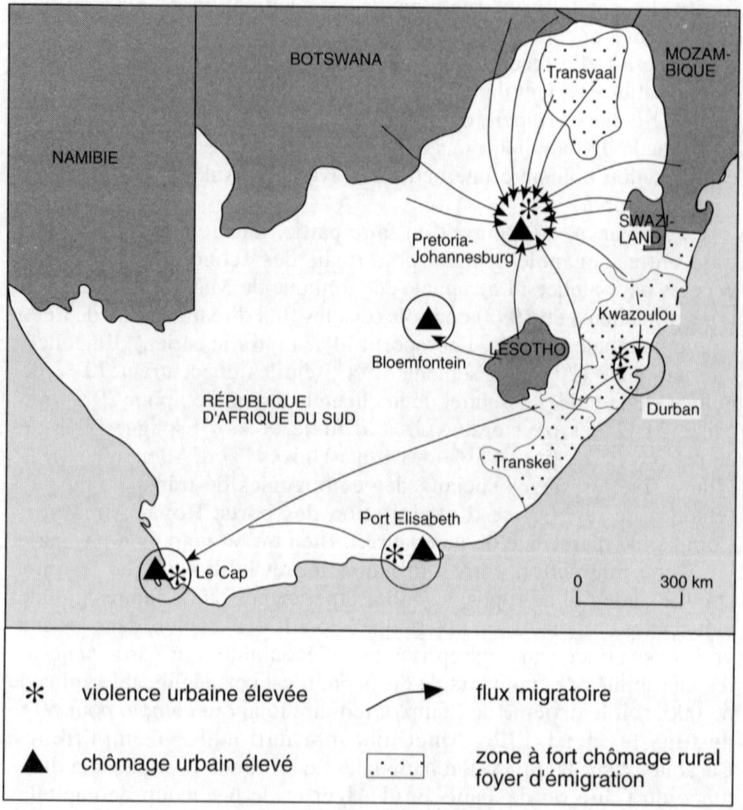

Source : d'après F. Journès, DEA de géographie Villes et Sociétés, université de Lyon, 1992.

Salomon Brothers y sont installées. Mais les « southwestern townships », mondialement connues depuis 1976 sous l'abréviation de Soweto, tiennent incontestablement des mégapoles des pays les plus mal développés : conçues comme les habitations provisoires d'ouvriers immigrés en « zone blanche » destinés à retourner un jour vers les *homelands*, elles n'ont pas de centres, peu de commerces et peu de routes goudronnées. À l'écart des grands axes, à 14 kilomètres au sud-ouest de la ville-centre, ces alignements tristes de baraques abritent maintenant 2 100 000 habitants (1 200 000 en 1985), sans composer vraiment une ville. Comme autour des autres villes géantes d'Afrique noire, les routes carrossables s'arrêtent au plus à 200 km du centre. Dans ces banlieues sans électricité, les populations se rassemblent et allument de grands feux, en attendant les combi-taxis ou les minibus surchargés, pour aller travailler dans les zones industrielles.

L'Afrique ne compte que trois autres mégapoles : Le Caire, Lagos et l'ensemble Kinshasa/Brazzaville. La croissance accélérée et cumulative des grandes villes est un fait essentiel dans tous les pays pauvres. Cette macrocéphalie a été bien observée en Amérique latine. Lima par exemple (10 millions d'habitants dans l'agglomération) concentre les deux tiers de la population du Pérou vivant dans des centres de plus de 10 000 habitants et a fait le vide urbain dans un rayon de 400 kilomètres autour de la capitale. C'est vrai de Santiago, de Caracas, mais aussi de Dakar ou d'Abidjan.

L'hypertrophie urbaine correspond à un type d'organisation socio-économique fondé sur la dépendance commerciale à l'extérieur et le centralisme politique à l'intérieur. Elle reflète l'importance de l'exode rural, qui rend compte aussi du désastre de l'agriculture dans ces pays. Les mégapoles concentrent les nouvelles élites politiques ou économiques locales, fixent les relations avec l'international autour des aéroports et des chaînes hôtelières, représentent l'avant-garde du progrès technique, symbolisent le monde actuel moderne, retiennent la variété des situations professionnelles et donc des chances de réussite, face à la province qui illustre le passé et la misère des campagnes. Elles sont les centres principaux des changements politiques et sociaux. Les grandes villes restent le lieu privilégié de redistribution des revenus monétaires et concentrent les infrastructures de progrès. Elles représentent des milieux d'accueil, de diffusion et de gestation de connaissances, des forces novatrices et des dynamismes mobilisateurs. La tutelle de la grande ville sur le pays s'exerce par le commerce, par l'intermédiaire du crédit, par la politique et l'administration, par le monopole culturel et universitaire... Les mégapoles retiennent les nouveaux riches de la spéculation immobilière. L'extraordinaire vitalité des industries du bâtiment peut cacher aussi parfois les circuits du blanchiment de la drogue, notamment en Colombie. Dans ce sens, on peut dire que les mégapoles participent au système-monde.

CONCLUSION GÉNÉRALE

Les relais du système-monde

Les métropoles sont à la source des informations et créatrices de communication. C'est dire qu'elles sont des têtes de réseau en matière de politique, d'économie et de culture. Ces villes sont liées par des flux de biens, de personnes, de capitaux et d'informations qu'elles animent entre elles. Dans cette logique, l'avion qui rapproche les grandes villes constitue certainement l'outil le plus efficace pour donner réalité au réseau urbain mondial. Le développement des réseaux de télécommunication à gros débit permet d'autres recompositions à l'échelle intercontinentale, autorisant une répartition multilocalisée des outils de production, de gestion et d'administration des entreprises.

Les relations ne s'arrêtent évidemment pas aux frontières. En témoigne l'activité des grandes banques, des Bourses de commerce ou de valeurs. L'internationalisation des échanges, qui n'est pas nouvelle, s'accentue avec la mondialisation de l'économie, la part déterminante prise dans celle-ci par les services ou invisibles, les progrès techniques touchant la circulation, l'intensification de toutes les interdépendances, les développements d'une « société informationnelle » fondée sur les ressources de l'information et sur les conditions d'accessibilité à ces ressources (Bonneville, 1992).

Cette internationalisation se traduit par le renforcement du niveau supérieur de l'armature urbaine, sous la forme d'un réseau des grandes métropoles mondiales. On peut parler ici avec Paul Claval (1981) du niveau d'organisation territoriale des grands ensembles, au-dessus des régions et des nations : « La ville ne dépend plus, dans sa localisation, de la campagne ; elle n'a plus, comme fonction dominante, à servir un environnement rural ; elle travaille pour elle-même ou pour d'autres espaces urbains. »

Notons qu'il y a beaucoup plus de relations entre les métropoles internationales qu'entre une capitale et les petites villes qu'elle commande dans sa région. C'est dire qu'à ce niveau, pour les villes comme pour les entreprises ou toute institution, l'organisation des mailles du réseau répond plus à des impératifs structurels qu'aux contraintes de proximité géographique. La communication rapproche plus facilement les unités de même niveau d'organisation que des établissements voisins mais sans rapport. On comprend ainsi les liens qui peuvent s'établir entre les grandes villes hospitalières mondiales dont les chercheurs travaillent sur les mêmes thèmes. Il existe aussi un langage commun entre toutes les grandes villes de commerce du monde, entre les grands musées du monde, entre les grandes universités, etc.

Les intercommunications les plus courantes concernent les systèmes commerciaux et financiers. Les liens du marché déterminent les relations urbaines les plus communes. Une illustration est apportée par les circuits qui unissent les campagnes productrices de coca ou d'opium (Colombie, Pérou et Bolivie ou Triangle d'or), les villes d'implantation des grandes mafias qui commandent toutes les opérations liées au trafic international de la drogue (Cali et Medellin ou bien Hong Kong), les plaques tournantes qui gèrent les activités de transit et de négoce (Bangkok, Amsterdam, Barcelone), les places financières qui permettent le blanchiment de l'« argent sale » (Genève, Luxembourg).

Dans un autre esprit, une même stratégie commerciale réunit les villes du Sud-Est asiatique dans les réseaux de distribution des grandes marques de prestige international : Singapour, Kuala-Lumpur, Djakarta, Sydney, Bali, Bangkok. Ce sont aussi les centres où les grands architectes contemporains (Peï, Tange...) reçoivent des commandes pour des constructions de prestige.

La localisation des salles de marché qui assurent les relations bancaires et financières internationales démontre dans ce domaine précis l'importance des relations de ville à ville, par niveau fonctionnel. « Les nouveaux pouvoirs économiques n'ont-ils pas tendance à se concentrer dans des pôles à haute intensité d'accessibilité, de transaction et de richesse, bien reliés entre eux et au reste du monde ? » (De Roo, 1993). Les grandes métropoles mondiales se distinguent par leur capacité à structurer les flux d'échanges.

Les grandes métropoles mondiales gèrent très normalement à l'échelle de la planète et à la fois les échanges commerciaux des marchandises, les mouvements monétaires, les flux d'informations et de services, les déplacements des hommes, ainsi que toutes les interactions entre ces réseaux impliqués. Elles sont les lieux où s'affirme l'unité entre toutes les activités sectorielles à travers l'espace. S. Conti et G. Spriano (1989) caractérisent la capacité des grandes métropoles mondiales à animer les structures internationales des systèmes productifs par trois qualificatifs qui se rapportent à la façon dont ces villes sont intégrées dans le système-monde des relations économiques : « *directionnalité*, entendue comme la capacité à rassembler et développer les fonctions stratégiques et décisionnelles du plus haut niveau, en particulier celles des grandes entreprises et des grandes institutions », *globalité*, pour souligner l'importance à la fois d'une masse critique et

Le trafic international de la drogue

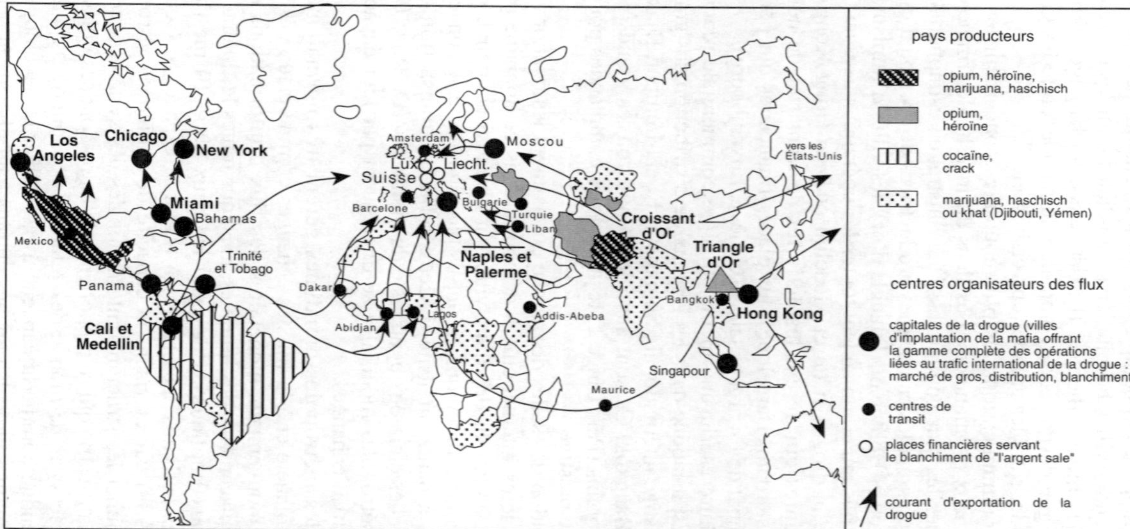

La chute des cours des matières premières agricoles ou minières et celle des prix des cultures vivrières ont favorisé l'extension des productions de drogues. Tandis que l'exode rural a accru la population des mégapoles - où le trafic de la drogue est parfois la seule activité économique effective - , les paysans ont été incités à étendre les cultures de pavot, de coca ou de cannabis sous la pression des acheteurs-trafiquants et la protection alternée des guérilleros et des militaires. L'accroissement des inégalités entre le Nord et les populations d'un grand nombre de régions du Sud, de l'Europe centrale, de l'ex-URSS, du Bassin méditerranéen ne peut que favoriser le développement des productions de drogue. De la même façon, l'existence de sociétés duales, en particulier au sein de grandes mégapoles du Nord et du Sud, multiplie le nombre de consommateurs et de *dealers*.

de compétences généralistes, multifonctionnelles, *connectivité* enfin, pour favoriser les échanges et synergies. Ces qualités s'expriment aussi « en matière de ressources cognitives de haut niveau, de savoir-faire et de cultures aussi bien professionnelles que générales, de qualification des populations actives, de potentiel de ressources humaines et de formation » (Bonneville, 1992).

Cité dans ce même ouvrage, A. Tarrius a étudié les rapports entre les élites professionnelles et le fonctionnement des villes internationales : élites circulantes, car très mobiles, à travers les aéroports, les hôtels, les quartiers d'affaires, les complexes de bureaux, les centres de congrès, les espaces technopolitains, les parcs de loisirs. « Leurs réseaux et leurs pratiques sont principalement organisés avec des groupes sociaux ayant des profils comparables, les proximités fonctionnelles se substituant aux proximités sociales ou géographiques... » (« Les espaces circulatoires des élites européennes : vers de nouvelles morphologies urbaines et sociales », 1989).

L'interactivité commerciale et financière, politique et culturelle, n'est pas nouvelle. La nouveauté historique tient à la dimension intercontinentale, véritablement planétaire, des rapports et des dominations. L'unité et l'uniformisation du système-monde sont dues à la rapide modernisation des techniques d'échanges (qui favorise la mobilité du capital, de la main-d'œuvre, des marchandises, des services, des informations) et à l'internationalisation des facteurs de production (qu'accompagne la croissance des entreprises transnationales). Finance, politique et culture en composent les termes les plus subtils. La banalisation des modes de consommation en ordonne les formes les plus évidentes.

Quelques villes s'inscrivent dans des réseaux relationnels intercontinentaux, à l'échelle de la planète : New York, Londres, Paris relèvent ainsi d'une génération de métropoles mondiales qu'ont rejointes ensuite Tokyo et Los Angeles, à terme peut-être Singapour et Hong Kong. Chacune travaille à la fois pour le monde et dans sa sphère géographique d'influence, États-Unis, Europe, Asie, avec des centres-relais d'importance globale moindre, comme Chicago, Francfort, Milan, Bruxelles, Seoul. Il existe aussi des sous-systèmes fonctionnels ou géographiques qui découpent autrement les aires mondiales, reliant par exemple les rives de l'Atlantique et plus récemment du Pacifique, ou bien Tokyo, Singapour et Sydney, Los Angeles et Hong Kong ou Seoul. Les relations transfrontalières (Seattle et Vancouver, Detroit et Windsor, ou encore Hong Kong et Canton, Lyon et Genève ou Turin) tracent d'autres formes anticipatrices de partenariat. Les liens d'ambassades, définis par la géopolitique, les influences culturelles dessinées par la communauté linguistique, les zones commerciales et les influences économiques, juxtaposent et superposent autant de participations à des réseaux d'échanges. Au-delà convient-il sans doute d'évoquer des espaces périphériques.

Les métropoles mondiales se définissent par leurs équipements et par leur zone d'influence. Les infrastructures de transports, les capacités d'accueil, des services de haut niveau pour les entreprises internationales, des institutions ayant un réel pouvoir de décision en matière politique, économique et culturelle sont les conditions de participation à des réseaux d'échanges mondiaux. Par définition, les fonctions métropolitaines se mesurent à la capacité d'extraversion des organismes urbains. Le profil international des villes modernes a été défini par P. Soldatos (1991) par « une position géographique d'ouverture au monde », pour accueillir des facteurs de production (investissement et main-d'œuvre) et des flux de commerce en provenance de l'étranger, et pour exporter des facteurs de production, par la multiplicité des modes de communication sociale à l'étranger, par l'importance des moyens de transports, par le rayonnement des mass media... La mobilité extrême des facteurs de production et la fluidité des échanges sont assurées par des infrastructures fixes et concentrées. Le développement des nouvelles techniques de communication accompagne une concentration de l'organisation et de la gestion des flux.

La zone d'influence définit un seuil de rentabilité nécessaire pour les équipements de haut niveau. La qualité de l'offre de services dépend de la qualité de la demande, c'est-à-dire d'une masse critique apportée le plus souvent par des réseaux transnationaux d'appartenance. Problématique d'interfaçage et de commutation : la gestion des flux consiste à assurer les échanges et les communications entre une multiplicité de réseaux. Elle implique la maîtrise des règles, des codes, des langues, des tarifs, des horaires, les articulations entre les techniques et les espaces.

Bibliographie

AVELINE-DUBACH N., *La Bulle foncière au Japon*, ADEF, 1993.

BAIROCH P., *De Jericho à Mexico : villes et économie dans l'histoire*, Paris, Gallimard, 1985, 708 p.

BATAILLON Cl., PANABIÈRE L., *Mexico aujourd'hui*, Paris, Publisud, 1988, 245 p.

BÉTHEMONT J., BREUIL J.-M., *Les États-Unis, une géographie régionale*, Paris, Masson, 1989, 304 p.

BÉTHEMONT J., BREUIL J.-M., *Les États-Unis, une géographie thématique*, Paris, Masson, 1991, 272 p.

BONNEVILLE M., BUISSON M. A., COMMERÇON N., ROUSIER N., *Villes européennes et internationalisation,* Lyon, imprimerie BOSC Frères, 1992, 213 p.

BRAUDEL F., *Civilisation matérielle, économie et capitalisme, XVe-XVIIIe siècle*, Paris, Armand Colin, tome I, *Les Structures du quotidien*, 544 p. ; tome II, *Les Jeux de l'échange*, 600 p. ; tome III, *Le Temps du monde*, 608 p., 1986.

CARROUÉ L., « Berlin réunifié : une nouvelle métropole à vocation internationale en Europe centrale », *Annales de géographie,* 1993, n° 570, pp. 113-129.

CHAUNU P., *La Civilisation de l'Europe classique*, Paris, Arthaud, coll. « Les grandes civilisations », 1966, 704 p.

CLAVAL P., *La Logique des villes*, Paris, Librairies Techniques, 1981, 633 p.

Collectif, *La Grande Ville, enjeu du XXIe siècle. Hommage à Jean Bastié*, Paris, PUF, 1991, 620 p.

Collectif, *Métropoles en déséquilibre ?,* Paris, Économica, 1993, 616 p.

Collectif, *Villes et Technopoles, nouvelle urbanisation, nouvelle industrialisation,* Actes du colloque de Toulouse, Presses Universitaires du Mirail, 1990, 506 p.

CREPIF (CAHIERS DU), Centre de Recherches et d'Études sur Paris et l'Île-de-France, 25e Congrès international de géographie, Paris, août 1984, symposium « Les grandes métropoles mondiales », n° 9, décembre 1984.

DATAR, *En Europe, des villes en réseaux*, Paris, La Documentation française, 1991, 109 p.

DELUMEAU J., *La Civilisation de la Renaissance*, Paris, Arthaud, coll. « Les grandes civilisations », 1967, 718 p.

DOGAN M., *The Metropolis Era*, vol. II, *Megacities*, SAGE Publ., 1988, 320 p.

DUBY G., *L'Europe des cathédrales*, Paris, Skira, 1966, 221 p.

GABERT P. ET GUICHONNET P., *Les Alpes et les États alpins,* Paris, PUF, 1965, 288 p.

GEHRING J.-M., *Luxembourg : une ville aux fonctions internationales conquérantes*, *Mosella,* tome XVII, 1987, n° spécial annuel, Presses Universitaires de Metz, pp. 1-24

GHORRA-GOBIN C., *Les États-Unis,* Paris, Nathan, 1993, 194 p.

GLICKMAN N., *The Growth and Management of the Japaneses Urban System*, New York, Academic Press, 1979, 370 p.

GRIMAL P., *La Civilisation romaine*, Paris, Arthaud, coll. « Les grandes civilisations », 1965, 541 p.

HALL P., *Les Villes mondiales*, Paris, Hachette, 1966, 253 p.

JOUVE B., *Urbanisme et frontières, le cas franco-genevois*, Paris, L'Harmattan, coll. « Villes et entreprises », 1994, 269 p.

LABASSE J., *L'Espace financier*, Paris, Armand Colin, 1974, 302 p.

LE GOFF J., *La Civilisation de l'Occident médiéval*, Paris, Arthaud, coll. « Les grandes civilisations », 1965, 693 p.

LE MONDE DIPLOMATIQUE, *La Ville partout et partout en crise,* octobre 1991, 97 p.

MORICONI E., « Les cent plus grandes villes du monde », *Économie et Statistiques*, 1991, n° 245, 18 p.

MORICONI-ÉBRARD F., *L'Urbanisation du monde depuis 1950*, Paris, Anthropos, 1993, 372 p.

MOUSNIER R., *Le XVIIIe siècle. L'époque des Lumières, 1715-1815,* Paris, PUF, coll. « Histoire générale des civilisations », 1959, 571 p.

MOUSNIER R., *Les XVIe et XVIIe siècles, la grande mutation intellectuelle de l'humaniste, l'avènement de la science moderne et l'expansion de l'Europe,* Paris, PUF, coll. « Histoire générale des civilisations », 1965, 686 p.

MUMFORD L., *La Cité à travers l'histoire*, Paris, Seuil, 1964, 783 p.

PIRENNE H., *Les Villes du Moyen Âge*, Paris, PUF, 1992, 176 p.

PLANCHAIS J., *Cités géantes, 24 villes, leurs habitudes et leurs habitants*, Paris, Fayard, 1978, 264 p.

RAFFESTIN C., « Géographie des institutions internationales », *Annales de géographie*, n° 434, 1970.

RAGON M., *Histoire de l'architecture et de l'urbanisme modernes*, tome III, *De Brasilia au post-modernisme 1940-1991*, Paris, Casterman, 1986, 402 p.

RECLUS, *Atlas mondial des multinationales*, tome I, *L'Espace des multinationales*, 1990.

ROBERT J., *L'Île-de-France*, Paris, PUF, Coll. « Que sais-je ? », 1994, 128 p.

RONCAYOLO M., PAQUOT S.S., (sous la direction), *Villes et civilisation urbaine, XVIIIe-XIXe*, Paris, Larousse, 1992, 687 p.

SALLEZ A., (sous la direction), *Les Villes lieux d'Europe*, DATAR, édition de l'Aube, 1993, 198 p.

SASSEN S., *The Global City*, New Jersey, Princeton University Press, 354 p.

SOLDATOS P., *Les Nouvelles Villes internationales : profil et planification stratégique*, SERDECO, 1991, 127 p.

SOURDEL D. et J., *La Civilisation de l'Islam classique*, Paris, Arthaud, coll. « Les grandes civilisations », 1968, 672 p.

THÉRY H., « Brésil moderne », *Géo*, n° 120, février 1989, pp. 70-79.

TOYNBEE A., *Les Villes dans l'histoire,* Paris, Payot, 1972, 288 p.

Index des notions

aéroports, 126, 127, **128, 129, 130**

Bourse, 34
Bourse de commerce, 28, 35, 41
Bourse de valeurs, 37, 39, 107, 109

cité, 23, 69, 99
Cité-État, **11, 12, 13**, 41, 73, 75, **77**
conurbation, 29, **87**, **89**, 91, 93, 94, 99

déconcentration, 62, 90, 95, 157

économie-monde, 3, 5, **7**, 21, 66, 104
espace technopolitain, **62**, **97**, 98, 113
État-Nation, 21, 25, 41, 49
euromarché, 43, **107**, 109

finance companies, 33

holding, 33

information (économie de l', système d'), **32**, 37, 39, 49, **59**, **61**, 62, **97**, 98, **131-135**, 180
internationalisation, 5, 11, **28**, 29, 39, 104, **105, 107**, 109, 112, 180, 183

mégalopolis, 29, 159
mégapole, 4, 5, 8, 147, 151, **175-179**
mégapolis, **93**, **94**
métropole, 3, **5,** 7, 8, 10, **11**, 15, 19, **21**, **28**, **29**, 31, 41, 49, 52, 60, 62, 63, 66, 69, 139, 180, 181, 184
métropolisation, 3, 41, 66, **88**, 97, 99, **104**

place financière off shore, 7, 31, 41, 173
place financière, 29, **31,** 32, **37**, **39**, 109, 111

région métropolitaine, 90, 93, 99
réseaux urbains, 41, 63, 138, 153, **180,** 183
royalty companies, 33

sièges sociaux, états-majors des firmes, quartiers généraux, 29, 32, 33, 36, 37, 42, 114
Sud-Est, 60

téléport, 135

urbanisation, 4, 67, 85, 86, 87, 89, 91

Index des noms propres

Abidjan, 179
Alep, 69, 83
Alexandrie, 67, 69, 73
Amsterdam, 13, 31, 33, 35, 41, 52, 73, 77, 79, 82, 109, 129, 135, 151, 153, 181
Ankara, 177
Antioche, 67, 69, 70
Anvers, 73, 77, 79, 151
Athènes, 52, 69, 147, 153
Atlanta, 51, 61, 62, 115, 129, 133
Augsbourg, 73

Babylone, 67
Bagdad, 67, 69, 71, 151, 155
Bahamas, 41
Bahreïn, 41
Bali, 181
Baltimore, 129, 159
Bangkok, 139, 151, 163, 181
Barcelone, 45, 46, 121, 127, 153, 155, 181
Batavia, 84
Bergen, 71
Berlin, 10, 45, 57, 62, 79, 83, 85, 89, 100, 101, 123, 141, 149, 153
Beyrouth, 13, 73, 155
Birmingham, 39, 89
Bogota, 140
Bombay, 4, 5, 83, 84, 140, 151
Bordeaux, 60
Boston, 97, 101, 113, 129, 133, 159
Brasilia, 143
Brazzaville, 179
Brême, 45
Bristol, 39
Bruges, 13, 71, 77
Bruxelles, 12, 13, 15, 16, 17, 37, 41, 77, 123, 151, 153, 183
Budapest, 101
Buenos Aires, 177
Byblos, 67
Byzance, 67

Calcutta, 4, 5, 83, 142
Cali, 181
Canberra, 11
Canton, 163, 169, 172, 173, 183
Caracas, 139, 147, 179
Casablanca, 151, 175, 176, 177
Chandernagor, 83
Chicago, 35, 41, 47, 57, 61, 85, 89, 91, 101, 115, 117, 127, 141, 159, 161, 183
Chiraz, 84
Cologne, 45, 93, 141
Constantinople, 69, 75, 82
Copenhague, 60, 153
Cordoue, 69, 71
Curaçao, 35

Dacca, 139
Dakar, 179
Dallas, 115, 135
Dallas-Austin, 113
Dallas-Fort Worth, 62, 129
Damas, 69, 155
Dantzig, 83
Detroit, 141, 183
Djakarta, 4, 5, 163, 181
Djeddah, 41
Dordrecht, 79
Dubaï, 41
Düsseldorf, 45, 60, 89, 93

Édimbourg, 45
Eindhoven, 60
Essen, 89

Florence, 13, 52, 73, 79, 80
Francfort, 31, 32, 33, 41, 43, 45, 57, 93, 101, 109, 129, 135, 141, 153, 183

Gand, 77
Gênes, 13, 39, 73
Genève, 7, 11, 13, 15, 17, 18, 19, 32, 35, 37, 41, 61, 79, 111, 113, 123, 129, 181, 183
Genevois français, 19
Glasgow, 39, 45, 89
Goa, 84
Grenoble, 19, 113

Hambourg, 35, 44, 45, 57, 71, 83, 113, 136, 141, 153
Hanovre, 45
Helsinki, 153
Hiroshima, 117
Hong Kong, 13, 31, 41, 43, 47, 115, 133, 135, 163, 165, 166, 167, 169, 173, 181, 183
Houston, 113, 115, 135

Île-de-France, 32
Ispahan, 84
Istanbul, 83

Jérusalem, 50, 51
Johannesburg, 175, 177, 178

Karachi, 175, 177
Karlsruhe, 45
Kinshasa, 179
Kuala-Lumpur, 181

La Haye, 13, 77
La Mecque, 51, 52
La Nouvelle-Orléans, 35
Lagos, 5, 140, 179
Lausanne, 19
Le Caire, 69, 71, 83, 140, 151, 153, 154, 155, 179
Leeds, 89
Leipzig, 57, 79
Leyde, 79
Lima, 139, 179
Lisbonne, 77 ; 141
Liverpool, 39
Londres, 3, 10, 11, 17, 21, 23, 25, 27, 30, 31, 32, 33, 37, 39, 41, 43, 45, 47, 49, 51, 55, 58, 60, 61, 71, 75, 77, 79, 85, 89, 91, 95, 96, 101, 107, 109, 110, 121, 123, 129, 133, 135, 149, 153, 183
Los Angeles, 49, 51, 57, 61, 91, 115, 129, 133, 140, 141, 147, 151, 157, 158, 159, 162, 183
Lubeck, 71
Luxembourg, 7, 11, 12, 13, 15, 41, 107, 181
Lyon, 19, 69, 73, 83, 89, 129, 140, 183

Macao, 84
Madras, 83
Madrid, 11, 21, 41, 45, 46, 75, 77, 96, 141
Malacca, 84
Manchester, 39, 89, 96
Manille, 151, 163
Marseille, 89, 141, 155
Medellin, 181
Messine, 77
Mexico, 4, 5, 23, 139, 140, 147, 151
Milan, 13, 31, 39, 41, 60, 77, 117, 123, 147, 153, 183
Minneapolis, 35
Minneapolis-Saint Paul, 129
Monaco, 41
Montpellier, 60
Moscou, 10, 11, 21, 51, 75, 83, 89, 101, 123
Munich, 45, 57, 60, 141, 153

Naples, 39, 77, 79, 81, 155
New York, 3, 5, 10, 25, 27, 31, 32, 35, 37, 38, 40, 41, 43, 45, 47, 49, 51, 52, 55, 59, 61, 85, 89, 91, 95, 101, 107, 109, 111, 115, 117, 121, 129, 133, 135, 141, 143, 145, 159, 161, 183
Newcastle, 39
Novgorod, 71
Nuremberg, 60

Osaka, 51, 57, 62, 98, 117, 135
Ottawa, 11
Oxford, 79

Palerme, 77
Panama, 35, 41
Paris, 10, 11, 13, 14, 16, 17, 21, 23, 24, 25, 33, 35, 37, 39, 41, 45, 49, 51, 52, 53, 54, 55, 58, 61, 67, 75, 77, 78, 79, 83, 85, 89, 91, 96, 101, 107, 109, 115, 116, 117, 121, 123, 124, 136, 140, 143, 145, 149, 151, 153, 183
Pékin, 5, 21, 22, 23, 84
Philadelphie, 89, 91, 115, 117, 129, 157
Pittsburgh, 101, 115
Pondichéry, 83
Potsdam, 75
Prague, 101, 151
Pretoria, 177, 178

Randstad, 33, 93
Rhin-Ruhr, 89
Rio de Janeiro, 4, 5, 143
Riyad, 41
Roissy, 130
Rome, 39, 51, 52, 67, 69, 73, 75, 77, 79, 80
Rotterdam, 35, 77
Ruhr, 96
Rungis, 127

Saint Louis, 129
Saint-Pétersbourg, 83, 85, 89, 149, 151
San Francisco, 27, 113, 115, 123, 133, 135, 158
Santiago, 179
Sao Paulo, 4, 5, 35, 139, 140, 143
Seattle, 158, 183
Seattle-Tacoma, 62, 163
Seoul, 5, 133, 164, 165, 183
Séville, 77
Shanghai, 5, 170
Sidon, 67
Singapour, 13, 31, 41, 47, 107, 109, 115, 133, 147, 163, 165, 167, 173, 181, 183
Smyrne, 83
Soweto, 177, 178
Stockholm, 153
Strasbourg, 12, 13, 14, 15
Stuttgart, 45, 60, 141
Surate, 83, 84
Sydney, 133, 181, 183

Taipei, 165, 167
Taiwan, 163
Téhéran, 21, 155
Tokyo, 5, 10, 21, 23, 25, 31, 37, 38, 41, 43, 45, 47, 85, 89, 93, 109, 115, 117, 119, 127, 129, 133, 135, 145, 147, 183
Toulouse, 60
Tripoli, 73
Tunis, 153
Turin, 39, 60, 183-
Tyr, 67

Ur, 67
Utrecht, 77, 79

Vancouver, 163, 183
Varsovie, 83, 101
Venise, 13, 39, 71, 73, 77
Versailles, 75
Vienne, 17, 83, 85, 89, 96, 101, 123, 151, 153

Washington, 11, 26, 27, 75, 117, 129, 133, 135, 141
Windsor, 183
Winnipeg, 35

Zurich, 12, 32, 37, 107, 109, 111, 151, 153

Table des matières

INTRODUCTION 3

PREMIÈRE PARTIE : DES VILLES-MÈRES À L'ÉCHELLE DU MONDE

Chapitre 1. Les capitales de la politique mondiale 11
1. Les cités de la politique internationale 11
2. Les grandes métropoles politiques mondiales 21

Chapitre 2. Les capitales de l'économie mondiale 29
1. Les conditions de l'essor des grandes places d'affaires .. 31
2. Les activités des grandes places d'affaires 33
3. La métropolisation croissante des affaires 41

Chapitre 3. Les capitales de la culture mondiale 49
1. Les métropoles spirituelles 51
2. L'image d'une civilisation 52
3. Les nouvelles métropoles informationnelles 59

Conclusion 63

DEUXIÈME PARTIE : DES VILLES OBJETS ET SUJETS DE L'HISTOIRE

Chapitre 4. Les métropoles de l'Antiquité et du Moyen Âge . 67
1. Des métropoles politiques et administratives 67
2. Des métropoles religieuses 69
3. Des villes du grand commerce 71

Chapitre 5. Les métropoles du monde moderne 75
1. L'endormissement des Cités-États 77
2. La montée des capitales des États territoriaux 77
3. Les grandes villes demeurent rares
en Europe à l'est du Rhin 83
4. Les centres métropolitains en Asie 83

Chapitre 6. À l'origine des révolutions technologiques
contemporaines.. 85
1. La croissance industrielle et urbaine 87

2. La ville contemporaine est liée au développement des services 95
Conclusion 99

TROISIÈME PARTIE : FONCTIONS ET ÉQUIPEMENTS MAJEURS

Chapitre 7. Le pouvoir d'entreprendre 105
1. La maîtrise des capitaux 105
2. Invention, recherche, formation 111
3. Maîtres d'ouvrage et maîtres d'œuvre 115

Chapitre 8. L'organisation de la consommation 121
1. Un rôle de vitrine 121
2. L'organisation commerciale 127
3. L'organisation de l'espace 127

Chapitre 9. Le contrôle de l'information et de la communication 131
1. La production d'images et de signes 131
2. Presse et édition 135

QUATRIÈME PARTIE : UNIFORMITÉS STRUCTURELLES ET SPÉCIFICITÉS GÉOGRAPHIQUES

Chapitre 10. Un reflet exacerbé des contradictions socio-économiques 139
1. Cosmopolitisme et ségrégation 141
2. Chômage, grande pauvreté, insécurité 143
3. Pression foncière et spéculation immobilière 145
4. La dégradation du cadre de vie et de l'environnement 147

Chapitre 11. Une typologie géographique 149
1. Les métropoles nord-européennes 151
2. Les métropoles méditerranéennes 153
3. Les métropoles nord-américaines 155
4. Les capitales économiques des nouveaux pays industriels 163
5. Les mégapoles des pays mal développés 175

Conclusion générale : Les relais du système-monde 180
Bibliographie 185
Index 188

CARTES ET SCHÉMAS : Michel Giraud
COUVERTURE : Noémi Adda

N° de projet : 10034761 - (III) - (6,5) - OSBTO - 80 - mai 1996
Imprimé en France par Pollina, 85400 Luçon - n° 69916